JN438313

내가 서 있는 자리

도서출판 천우

워싱턴에 오신 황창연 신부님(성 필립보 생태마을 관장)과 함께

흰 도화지에 색칠하듯

누구에게나 공평하게 주어진 것이 '시간'으로, 누구에게나 하루는 24시간입니다.

시간 활용을 잘하는 것은 개개인의 생각과 능력에 따라 다릅니다. 독서와 벗하는 사람이 있는가 하면 책과는 담을 쌓고 지내는 이도 있습니다. 타향 생활에서의 책 읽기, 글쓰기는 고단한 이민 생활의 활력소라 할 수 있습니다. 생활에서의 역경, 고달픔, 시름을 글로 풀어내는 글쓰기 작업을 통해 마음이 맑고 깨끗하게 순화됩니다. 문학은 삶을 풍요롭게 하고 인생의 의미를 생각하게 하며 삶을 아름다운 길로 이끄는 힘이 있습니다.

흰 도화지 위에 그림을 그리듯 7년 전부터 부족하고 서툴지만 글을 쓰기 시작, 캔버스 위에 차곡차곡 색칠을 해 오다 드디어 책까지 내게 됐습니다. 책을 내라는 주변의 권유에 '많이 부족한 내가 어떻게….' 라고 주저한 적도 있었지만 큰 용기를 내어 이렇게 발간까지 이르게 되어 기쁨을 감출 수 없습니다.

언제부터인가 문학은 나의 심신과 지친 몸을 위로해주는 비타민이 되었습니다. 특별히 워싱턴 〈한국일보〉의 정영희 기자님께서 용기를 주셔서 글을 쓰게 되었다고 고백하고 싶습니다. 쓴다는 것, 쓸 수 있다는 것만으로도 얼마나 좋으냐는 애정 어린 말씀이 마음 속에 희망으로 심어져 오늘의 기쁨으로까지 이어졌습니다.

누군가의 따스한 말 한마디, 긍정적인 말은 한 사람의 인생에 큰 용기가 돼 방향을 바꿔주기도 합니다. 수많은 사람을 만나지만 좋은 사람, 좋은 인연을 만난다는 것은 큰 축복이며 행운입니다.

축사를 써 주신 조지메이슨대 노영찬 교수님과 한양대 김채옥 명예교수님께 감사의 인사를 전합니다. 또 박이도 경희대 명예교수님께도 감사 드립니다. 〈한국일보〉에 수년간 지면을 허락하신 박태욱 편집국장님께 고마움을 전합니다. 책이 나오기까지 수고하신 천우 출판사 관계자 분들께도 감사 드립니다.

2014년 여름 메릴랜드에서

Kim Min Jung
김 민 정

삶이 글이 될 수 있기를

노영찬(조지메이슨대학교 종교학 교수)

김민정 님은 워싱턴 지역에서 워싱턴 여성수필가들의 모임을 만들고 이끌어 온 수필가이다. 워싱턴 지역에는 미국의 다른 큰 도시와 같이 한인들이 많은 시집을 내고 있다. 시를 쓰는 분들이 많다. 그리고 시인들을 중심으로 모이는 모임도 많다. 그러나 김민정 님은 꾸준히 수필문학을 가꾸어 오신 분이다.

이번에 출판한 『내가 서 있는 자리』는 수필 59편 그리고 시 5편을 포함하고 있다. 작가의 순수한 마음과 섬세한 감각을 진솔하게 표현하고 있다. 또한 생활 속에서 실천해야 할 귀한 지혜도 담고 있다. 미국에 살고 있는 한인사회에서는 '이민문학'이 형성되어 가고 있다. 이 또한 한국 이민이 가지는 특수한 현상이다. 물론 다른 국가나 민족들도 미국에 이민 와서 자국어로 문학 활동을 하고 있지만 한국인들이야말로 어느 이민 민족보다 더 자국어로 쓴 문학 활동을 활발하게 벌여 나가고 있다는 것은 놀라운 사실이다.

수필은 시와 달리 미사여구를 구사할 필요도 없고 난해한 문구를 만들어 낼 필요도 없다. 붓이 흘러가는 대로 따라가는 글이다. 내가 글을 쓰는 것이

아니라 붓이 나를 이끌어가는 글이다. 그러나 글을 써 본 사람들은 알겠지만 붓을 든다고 절로 글이 나오는 것은 아니다. '수필(隨筆)' 이 글자 그대로 붓을 따라 쓰는 글이지만 붓이 그렇게 쉽게 움직여 주지 않는다. 좋은 글은 자기 삶이 정수기를 거치듯이 생각과 마음이 청결해져야 나온다. 참 좋은 수필은 그 글이 자기를 보는 거울과 같이 투명하게 볼 수 있어야 한다. 글을 쓴다는 것은 자기의 마음의 거울을 닦는 것과 마찬가지다. 글을 쓴다는 것은 때로는 고뇌와 번민, 좌절과 실망이 따를 수 있다. 그러기 때문에 글을 쓰는 것은 끊임없는 자기 훈련의 과정이다. 단순히 '글을 어떻게 쓰는가' 라는 기술적 훈련이 아니라 글 쓰는 사람의 마음을 훈련시키는 과정이다.

글을 쓰다 보면 마음이 정리되고 새로운 생각이 떠오른다. 그리고 마음이 정리되면 글을 쓰고 싶은 마음이 생긴다. 글을 쓰는 것은 삶을 사는 것이나 마찬가지이다. 글과 삶이 둘 같지만 이 둘이 서로 분리되어서는 참글이 될 수 없다. 우리가 글을 쓰는 마음으로 인생을 살고 우리의 삶이 글이 될 때 글이 곧 삶이요, 삶이 곧 글이 되는 경험을 하게 될 것이다. 우리 모두가 글을 쓰는 마음으로 인생을 살고, 삶이 글이 될 수 있기 바라는 마음에서 이번 김민정 님의 수필집 발간을 진심으로 축하드린다.

그간의 외로움을 봄비 내리듯 세상에 내보내는 마음

▌김채옥(한양대학교 물리학 명예교수, 前 한국물리학회 회장)

세상은
가는 봄비에 온몸을 내어 맡긴 채
젖고 있다.
겨우내 완강하게 문을 닫아걸고 있던
땅들이 스르르 제 몸을 풀고 있다.
이제 곧,
숨겨져 있던 아름다운 비밀들이
고개를 내밀 것이다.
가느다란 봄비의 연약한 사랑에
가장 완강한 것들이 무너지고 풀어지는
겨울과 봄 사이,
겨울 ………… 봄
그 사이에 가느다란 점선으로
봄비가 내리고
겨우내 숨겨두었던
내 그리움마저 촉촉히 젖고 있다.

위의 시는 박상천 시인의 「그리움이 젖고 있다」라는 시로 내가 가끔 하늘을 쳐다보며, 명상하는 시입니다.

워싱턴여류수필가협회 김민정 회장이 내게 보내준 글은 숨어 있는 내용이, 그리움이 내포된 듯 그동안 하고 싶었던 이야기를 글로 표현한 것이 아닌가 하여 나의 마음을 감동케 합니다.

「남의 땅에 내 집 짓고」, 「질풍의 사춘기」 등은 타국에 나가 있으면 누구나 한 번쯤 겪는 일로 외국 생활에서 지금까지 완강하게 문을 닫아걸고 있던 비밀들을 한 장의 원고지에 옮겨 놓아 그간의 외로움을 봄비 내리듯 세상에 내보내는 마음이리라 생각합니다. 김민정 회장의 첫 작품집 발간에 축하를 보냅니다.

모쪼록 생각하는 마음을 글로 표현하는 일 멈추지 마시고 계속 노력하길 빕니다. 축하합니다.

텃밭에 돋아난 새싹 같은 글들

▌정영희(워싱턴 〈한국일보〉 기자)

워싱턴여류수필가협회 김민정 회장의 첫 작품집 『내가 서 있는 자리』 발간을 축하합니다.

김 회장님과는 7년 전 김 회장님께서 여류수필가협회 임원으로 활동하시던 때부터 알게 돼 지금까지 고운 인연을 이어오고 있습니다. 그때부터 지금까지 〈한국일보〉 작품 발표 등 김 회장님의 글쓰기를 계속 지켜본 사람으로서 첫 작품집을 낸다는 소식이 참 흐뭇하고 반갑습니다. 지난 가을 빈 텃밭에 씨앗을 뿌려 긴 겨울을 지나 봄날에 싱싱하고 푸른 싹을 틔운 것처럼 싱그럽습니다.

처음 『내가 서 있는 자리』라는 작품집 제목을 듣고 우리 개개인 각자가 서 있는 자리는 어디이며, 미국 사회에서 우리 한인 이민자들이 위치해 있는 곳은 어디인가를 떠올렸습니다.

김민정 작가의 작품집은 초기 작품부터 최근에 이르기까지 그가 써 온 글 가운데 추린 작품들로 채워져 있습니다. 삶의 애환이 서린 수록작들은 소박하고 정겨운 시골 밥상의 느낌이 물씬 풍깁니다.

말과 글은 곧 그 사람입니다. 글 쓰는 이의 인격과 생각, 철학이 잘 드러나기 때문입니다.

지난해 한국에서 '글로 먹고 사는 13인의 글쓰기 노하우'를 부제로 출판된 『나는 어떻게 쓰는가』에서 시나리오 작가 김선정 씨는 "결론적으로 말하면 글을 쓰는 데 이렇다 할 묘책이 없다. 하지만 글쓰기에서 가장 중요한 것은 '어떤 마음을 전하고 싶은가'라고 생각한다. 현재의 내가 담아내고 표현할 수 있는 것을 등 돌리지 않고 마주하는 용기, 바로 그곳에서 나다운 글쓰기는 시작된다."고 말했습니다.

이번 첫 작품집 발간을 다시 한 번 축하드리며 앞으로 사람의 마음을 움직이는 글, 잔잔한 감동을 전하는 글쓰기에 더욱 정진하시길 기대합니다.

| 차례 |

제 01 부

마중물 같은 사람

제02부

행복한 웃음보따리

제03부

그리운 이름 '어머니'

제 4 부

행복의 열쇠

제5부

삶의 여정_詩

제01부 마중물 같은 사람

'웃음 약'을 써 보셔요

사람의 첫인상은 3초 안에 각인된다고 한다.

카밀 래빙턴이 『첫인상 3초 혁명』에서 주장한 말이다. 심리학자나 정신의학자들은 항상 웃는 것이 건강에 좋다고 말한다. 일상생활 속에서 항상 웃는 것이 중요하다는 말이다. 그런데 이 웃음의 철학은 마음속에 항상 긍정적인 성품을 갖고 상대할 때 진정 웃음의 효율이 나타날 것이다.

사람을 대할 때 첫인상이 웃는 얼굴이라면 얼마나 좋을까. 칭찬의 말, 긍정적인 말로 화답할 때 상대의 표정은 더욱 밝게 웃음을 띨 것이다. 또 상대방의 말을 관심 있게 많이 들어주는 태도 역시 웃는 표정 못지않게 중요하다.

짧은 시간에 좋은 인상과 고약한 인상이 판가름 나는 것이다. 불혹의 세월이 지나면 자기 얼굴, 자기 이름에 책임을 져야 한다는 말이 있다. 어떤 가정환경과 어떤 교육환경 내지 주변의 교우관계에서 자기 나름의 심성과 성품이 형성된다고 보면 인간은 개개인의 성품이 다 다를 수밖에 없다. 그러기에 처음 대하는 사람과 몇 마디 말을 주고받는 동안 상대방이 어떤 인생을 살아왔는지 얼굴에 나타나고 그의 인격을 직감할 수 있게 되는 것이다.

우리 얼굴 모습은 5년마다 변한다고도 한다. 잔잔히 미소 짓는 얼굴 표정은 얼마나 아름다운가. 어린 아기의 웃는 얼굴을 그 무엇에 비교할 수 있을까. 예술가들은 그 모습을 두고 천사의 미소니, 신의 축복이니 해서 극찬을 마다하지 않는다. 인간의 웃음 속에는 순결하고 정직한 내면 속의 감정으로 드러난다. 웃음이야말로 신께서 인간에게 주신 최고의 선물일 것이다.

"나는 향기로운 님의 말소리에 귀먹고 꽃다운 님의 얼굴에 눈 멀었습니다"

이 시 구절은 만해 한용운 님의 「님의 침묵」에 나오는 말이다. '향기와 말소리' 는 사랑과 진실이 담겨진 말일 것이고, '꽃다운 얼굴' 은 아름답게 핀 꽃송이처럼 상대방을 한순간에 사로잡는 웃는 얼굴이라고 감히 풀이해본다.

예부터 새해를 맞을 땐 대문에 '소문만복래(笑門萬福來)' 라는 글귀를 큰 붓글씨로 써 붙이곤 했다. 웃음이 끝이지 않는 집안에 많은 복이 들어온다는 기원의 뜻이다. '일소일소(一笑一少) 일로일로(一怒一老)' 라는 말도 있다. 한 번 웃을 때마다 한 번씩 젊어지고, 한 번 노할 때마다 한 번씩 늙는다는 덕담이다. 웃는 얼굴은 누구에게나 좋은 인상을 보여주고 고운 마음속 마음씨를 드러나게 한다. 웃음의 값어치는 인간이 살아가는 데 없어서는 안 될 가장 큰 덕목이다. 삶을 풍요하고 평화로운 나라로 인도해 준다. 사람을 대할 때마다 상대방이 박장대소할 수 있는 유머 있는 화술도 평소의 넉넉한 웃음의 값어치를 아는 자에겐 큰 축복이 아닐 수 없다.

미국의 저널리스트 노만 카슨스는 웃음으로 암을 극복한 사람으로 잘 알려진 인물이다. 그는 죽을 날만을 기다리기보다는 사는 날까지는 즐겁게 살아야겠다고 마음먹고 항상 웃으려고 노력했다고 한다. 희극배우 찰리 채플린 테이프를 보면서 실컷 웃었다고 한다. 또 스스로 웃을 일을 많이 만들어가며 하루하루를 살았더니 어느새 암이 사라지더라는 암 극복 체험기를 써낸 것이다. 웃음과 유머로 암을 퇴치한 실재 인물의 이야기이다. 그에겐 웃음이 '웃음 약' 이 된 것이다. 그는 〈웃음학〉이란 강의로 실제 많은 암환자들의 암 치유에 좋은 조언자 된 것이다.

웃음은 서로의 근심 걱정은 반으로 줄이고 기쁨의 엔도르핀이 많이 나와 모두에게 기쁨과 즐거운 시간을 나누게 한다. 웃음이 넘치는 곳에 건강이 넘치고 웃음이 사라진 곳에 건강도 사라질 수밖에 없다. 이제 우리 모두는 '웃음 약' 을 제조하는 잘 웃는 사람이 되었으면 한다.

마중물 같은 사람

한 마을에 두 농부가 살고 있었다. 어느 날, 두 농부는 소달구지를 몰고 가다가 좁은 다리 위에서 만나게 되었다. 한 농부가 말하길,

"비켜! 나는 빨리 시장에 가야 한단 말이야!"

다른 농부도 질세라 말했다.

"네가 먼저 비키란 말이야! 나는 안 바쁜 줄 알아?"

두 농부는 한참 동안 옥신각신 싸웠다. 그 사이에 시간은 많이 흘러가 버렸다. 그때 한 나그네가 다리를 건너가려다가 이 광경을 보고 "여보시오, 서로 바쁘다고 하면서 한 분이 먼저 비켜줘서 다른 한 분이 지나가시게 하면 더 좋을 것 아니오!" 하고 꾸짖었다.

이처럼 무슨 일이든지 자기 고집만 세우면 분란이 일어날 수밖에 없다. 자기주장만 고집하고 타인은 전혀 배려하지 않는 이기적인 마음은 주위 사람들에게 피해를 준다. 살아가면서 남에게 피해를 주며 문제를 일으키는 사람, 일이 일어나는 것을 강 건너 불 보듯 바라보기만 하는 사람, 그리고 지금 무슨 일이 일어나는지 전혀 모르는 사람도 있다.

우리는 수많은 사람들 속에서 매일 부대끼며 살아간다. 좋은 사람만 만

난다면 아무런 문제가 없겠지만 여러 종류의 사람과 섞여 살아가야만 하다 보니 모든 이의 마음이 내 마음 같지 않아 여기저기 문제가 생긴다.

펌프로 물을 퍼 올리려면 한 바가지의 마중물이 필요하다. 마중물은 땅속에 있던 물을 펌프로 끌어올리는 데 큰 도움이 되어 몇 번 펌프질을 하면 물이 콸콸 쏟아진다. 작은 물 한 바가지가 얼마나 큰 힘이 되어 마구 샘솟는 물이 되는지 모른다. 목말라 있을 때 물 한 잔이 말로 표현할 수 없을 정도로 귀중하게 목을 축이는 것처럼 힘들고 지쳐 있을 때 도움의 손길이 얼마나 큰 힘이 되는가!

이기심은 교만에서 나온다. 교만은 스스로가 잘 났다고 뻐기기 때문에 생긴다. 분열을 일삼는 사람은 어딜 가나 분열을 조장한다. 무엇이든 자기가 원하는 방향으로 되어야지 그렇지 않으면 분열을 조장하고 사람들을 이간질하며 갈라놓는다.

어디서나 한두 사람으로 인하여 문제가 발생한다. 미꾸라지 한 마리가 온 물을 흐려놓는다는 말이 있다. 이때 주위에 있는 사람도 흙탕물에 튀기게 된다. 그리 길지 않은 인생 이왕이면 뜻있게, 덕망 있는 사람으로 살아간다면 얼마나 좋을까.

벌써 2월이다. 세월이 가듯이 우리의 몸은 늙어가나 마음만은 언제나 맑고 깨끗한 마음으로 살아가야겠다. 구정물이 아닌 마중물 같은 사람이 많아졌으면 하는 바람이다.

통일은 부담이 아니고 기회다

지난 주말 '통일은 대박이다' 강연회에 다녀왔다. 강사로 나선 류재풍 박사와 신창민 교수 두 분 다 우리의 소원은 통일이니 통일로 가자는 얘기였다.

어릴 적 학교에서 꽤 불렀던 노래가 〈우리의 소원은 통일〉로 기억된다. 그러나 60여 년이 지났건만 아직도 통일은 되지 않고 있는 실정이다. 내 부모님은 두 분 다 고향이 개성이기에 항상 고향을 그리워하시며, 언젠가 통일이 되어 고향 땅을 밟아 보는 소원을 염원하다 망향의 한을 안고 돌아가셨다. 특히 북에 아름다운 산과 경치가 빼어나 소싯적 사셨던 곳을 종종 추억하셨다. 특히 추석 때는 임진각에 가셔서 그쪽을 바라보며 두고 온 산하와 가족에 대한 그리움에 눈물을 떨구곤 하셔서 어린 나는 영문도 모르고 함께 울었던 기억이 난다.

아직도 북에 남아 있는 형제자매와 친척들 심지어는 부인과 자녀들을 두고 오신 분도 얼마나 많은가! 그분들은 평생 가슴 한 구석에 응어리 진 상태에서 분단의 아픔을 안고 남은 생을 살아가고 있다.

같은 민족끼리 갈라져 살아야 하는 비극은 한국뿐이다. 독일도 서독과 동독이 합쳐지지 않았는가! 지금 그들은 서로 잘 살고 있다. 4반세기 동안 한국은 경제적으로 눈부신 성장과 발전을 거듭해 세계 어디를 가도 한국을 모르는 이가 거의 없을 정도다. IT 분야에서 두각을 나타내는 한국인의 우수성, 올림픽에서의 금메달, 한류(韓流)와 K팝 등 눈부신 성장을 거듭해 왔다. 그만큼 우리의 경제력도 강대해졌건만 통일의 서광은 아직 비추지 않고 있다.

어제 뉴스를 보니 젊은 층일수록 통일에 대한 생각이 부정적이라 한다. 통일은 나와는 상관없고 귀찮다는 생각이 많고, 현재의 삶에 있어서 통일을 통해 얻어지는 것이 없다고 생각한다는 것이다.

강연에서 신창민 교수는 통일을 무시하고 그냥 지내면 편하기보다는 오히려 분단 비용을 지속적으로 치르면서 살아야 한다고 지적했다. 이런 불행과 질곡을 후손들에게 대물림하지 말고 지금 우리들이 해결해야 한다는 것이다. 통일은 빠를수록 비용도 적게 들고 대박이란다. 높은 성장률과 그에 따르는 일자리가 풍성해진다고 한다. 북한에 상당량의 지하자원이 있어 활용가치가 높아지며, 통일이 되어 남북 간 철도, 도로, 전기, 통신 등이 연결되면 대륙으로 진출하여 더욱 부강해지는 강대국을 만들 수 있다는 이론이다.

그러나 이 모든 것은 결국 힘의 논리에 따라 움직이는 것처럼 통일도 힘의 논리에 따라 결국 경제력이라는 힘의 논리에 따른다고 보는 것이 옳다는 생각이다. 나 역시도 그렇게 생각한다. 경제력을 바탕으로 하루빨리 통일이 되었으면 하는 바람이다.

통일은 우리의 염원이고 숙원이다. 분단된 조국보다는 평화로운 나라, 국민들이 행복한 아름다운 대한민국이 되었으면 하는 바람 간절하다.

참사, 막을 수는 없었을까

고국에서 들려오는 소식에 마음이 너무 심란하고 아프다.

수학여행을 떠나기 전에 부모님께 잘 다녀오겠노라고 인사를 하고 떠난 아이들…. 그런데 이게 웬 말인가! 차디찬 배에 갇혀 꼼짝도 못하고…. 너무 어이가 없어 말이 안 나오고 비통에 잠기며 분통이 일어난다. 선장은 자기만 빠져나오고 그 많은 생명을 나 몰라라 내팽개치고 어떻게 혼자만 나올 수 있는가! 충분히 시간이 있었을 터인데…. 구명조끼 입고 차라리 바다에라도 뛰어들었으면 구조가 되었을 것이 아닌가! 그러니 분개하지 않을 수 없다. 끝까지 책임져야 할 선장이 그 많은 생명을 헌신짝 버리듯 했다는 것에 온 국민이 분개하는 것이다.

오직 한 여승무원 22살의 박지영 씨, 단원고 2학년 학생 정차웅 군, 제자들을 걱정 마라 하면서 구명조끼를 입혀 갑판으로 올려 보낸 남윤철 선생…. 남을 위해 희생한 덕분에 다른 사람들을 살게 해준 그 거룩한 희생에 눈시울이 붉어진다.

언제나 남을 위해 희생한 분들이 있기에 다른 사람들의 생명은 살리고 정작 본인들은 못 빠져나왔으니, 너무 마음이 아프기 그지없다.

요즘 TV를 보면서 부모들이 오열할 때 나도 같이 눈물이 나오고 비통에 잠기는데, 그 당사자인 부모들의 심정은 어떠하겠는가! 어른들의 부주의로 그 많은 생명을…. 얼마 전 2월에도 지붕이 무너져 오리엔테이션 받다가 숨진 대학생들이 있었는데….

이런 참사로 죄 없는 무고한 생명들이 피해를 입고 있다. 그런 참사를 미리 막을 수는 없는가! 이 모두는 지키는 법을 지키지 않았기에 일어났다고 볼 수 있다. 이번 세월호에도 개조를 많이 하고, 컨테이너를 더 많이 실었고 그 무게 때문에 경험이 많지 않은 3등 항해사가 회전할 때에 너무 많은 중량을 이기지 못하고 무너져 내린 것이 원인이었다고 한다. 이 모두는 법을 지키지 않고, 욕심에 눈이 멀어 생긴 것이다. 자기만 잘살면 된다는 욕심에 다른 선량한 사람들이 피해를 입는 것이다.

인간의 욕심은 끝도 없고 같은 실수를 반복한다고 한다. 대형사고가 날 때마다 그 원인을 보면 그 뒤에는 항상 하지 말아야 할 것을 했었다. 욕심을 잠재울 수 있다면 얼마나 좋을까!

차디찬 바다에서 울고 있을 아이들을 위해 기도한다.

'제발 살아 있게 해주시고 또한 그 부모님들이 시련을 이길 수 있는 힘을 주시고 구조 작업하는 모든 분들에게 지혜 주셔서 하루빨리 구조되게 도와주소서. 다시는 이와 같은 참사가 일어나지 않게 도와주시옵소서.'

간절히 비는 마음이다.

남의 땅에 내 집 짓고

'이민' 이라는 배에 몸을 실어 태평양을 건너와 살아가는 삶은 힘들 때가 더 많다.

잘 살아보고자 큰 각오로 꿈을 안고 이국땅에서 살아가는 여정의 길은 멀고도 멀다. 살아가면 갈수록 힘들어지고 두고 온 고국산천이 그리워지며 얼마나 생각나는가! 몸은 이곳에 있어도 마음은 옛 추억을 떠올리며 살아가고 있다.

남의 땅에 내 집을 더 크게 짓고 싶어서 새벽별 보고 나가서 일터에서 똑같은 일들을 하고 밤이면 고단한 몸으로 살기를 반복하지 않는가. 시간이 가면 갈수록 나아지겠지 하는 희망으로 살아가지만 때로는 몸도 지치고 경제는 더 어려워지고 있다.

영어는 아무리 해도 입에서만 맴도는 나날들이다. 때로는 모국어를 실컷 해보고 싶지만 각자의 삶에 바빠 들어주는 사람도 없고, 혹은 좋은 인연을 만나도 말이라는 것은 한 번 내 뱉으면 담지도 못한다.

벙어리 냉가슴 쓸어안고 사는 이민의 고달픈 삶에 활력소를 주는 것은 자녀들이 아닐까! 잘 되기만을 바라는 마음으로 열심히 키운 자녀들이 성장하면, 또한 자기들의 짝을 만나면 집은 빈 둥지로 남게 된다.

부모의 심정을 알아주는 자녀들도 있지만 부모의 기대에 어긋나는 자녀들도 있다. 내리사랑이라고 부모님의 사랑은 아니 보이고 자녀들을 온 정성 들여 길렀으나 정성을 쏟은 만큼 돌아오지 않는다.

자녀들한테 무엇을 바라는 것은 아니지만 어쩐지 마음이 허전할 것 같다. 몸이 부서져라 온 몸을 다해 기른 자녀들이 다 자라고 나면 부모님의 고생에 아랑곳도 않고 혼자 자랐다고 우쭐대면서 부모의 심정을 아는 자녀들이 그리 많지는 않은 것을 심심찮게 볼 수 있다.

이민이라는 배를 타고 가다 배가 종착역에 닿으면 우리의 인생도 끝이 난다. 그러나 힘들다고 도중하차 할 수도 없다. 중간에 포기하며 인생을 마감하는 사람들을 가끔 보면 사람들의 마음은 아려 온다. 남의 일 같지가 않다는 것이다.

왜냐하면 다 같이 이민이라는 항해를 하고 있기 때문이다. 종착역에 닿을 때까지 얼마나 많은 힘든 시간을 견뎌야 하며, 때로는 폭풍을 만나 가정이 무너지는 아픔도 겪어야 하며, 때로는 경제적인 문제의 난관에 봉착하게 된다. 이 모두는 종착역에 도달할 때까지 더 큰 포부로 살아가기 때문이 아닐까!

노후도 대비해야 하고, 건강도 돌봐야 하고, 항해를 잘해 노년의 삶을 더 활기차고 값지게 살기 위해서 불철주야 노력에 노력을 더한다. 정신없이 항해만 하지 말고 우리의 삶도 돌아보며 조금씩의 여유와 느긋한 마음이 되는 것도 나쁠 것 같지 않다.

인생은 네 박자라고 한다. 인생도 색색의 빛깔을 가지고 있다. 우리의 일상 생활은 희로애락이 네 박자 속에 있다고 한다. 사랑이 있고, 이별도 있고, 눈물도 있는 소설 같은 세상사라 한다. 무덤덤해 보이는 인생도 나름의 즐거운 순간이 있다. 계속 항해만 하지 말고 도중에 주위도 돌아보면서 서로가 종착역에 닿을 때까지 멋진 삶의 테두리 안에서 서로를 이해하는 마음이 되었으면 생각해본다.

가을, 갈대의 노래

어느새 무더운 여름인가 싶더니 요사이는 제법 가을의 정취가 느껴진다. 10월을 코앞에 둔 요즘, 아침저녁으로 쌀쌀하기도 하지만 무엇보다 먼저 노르스름하고 붉게 변하는 나뭇잎에서 가을이 성큼 다가왔음을 느낀다. 한 여름 시원하게 해주던 나뭇잎들은 어느새 노란 낙엽이 되어 한 잎 두 잎 떨어지고 있다.

'지금도 그 사연이 남아 있을까? 빛 모래 바람결에 휘날리면서 그리움에 아롱지던 검은 눈망울 지금도 그 강변에 남아 있을까. 눈보라 비바람이 스쳐간 후에 남몰래 미소 짓던 갈대의 마음. 강변에 스쳐 가도 갈대의 노래~~~~~'

70년대에 TV 방송국의 한 드라마 주제가가 생각난다. 어릴 때 TV에서 나오는 〈갈대의 노래〉라는 드라마 속에서도 가을에는 사람들의 마음이 흔들린다고 했다. 특히 여자의 마음은 가을이 되면 이리저리 흔들린다고…. 흔들리는 마음에 어디론가 훌쩍 떠나고 싶은 마음이 된다.

가을을 연상하게 하는 갈대, 코끝이 간지럽게 살살 흔들리며 피어 있는 갈대는 솜털과 함께 부드러움을 자아나게 한다. 그러나 흔들리는 갈대지만 아무리 흔들려도 여전히 그 자리에 피고 지기를 반복하며 사람들의 마음에 가을을 전해준다.

여름 내내 뜨거웠던 대지도 서서히 식어 가는 천고마비의 계절이다. 아름다운 단풍이 물들어가는 가을에는 마음을 살찌게 하는 책과 함께하는 것이 제격이다. 가을이라고 멀리 꼭 어딘가를 여행해야만 하는 것이 아니라 가까운 주위에서도 얼마든지 가을의 정취를 느낄 수 있는 워싱턴 지역의 자연환경이 좋은 것 같다. 가을 국화 한 송이에서도 마음이 풍요로워지는 부자가 된다. 굳이 멀리 가지 않더라도 주변 자연환경을 보며 평화롭고 잔잔한 느낌을 갖는다면 바로 그게 행복이 아닐까.

법정 스님의 책에 「맑고 향기롭게」의 한 일화가 생각난다.

한 학생이 "수류화개실(水流花開室)이 어디 입니까?"라고 묻자, "네가 서 있는 바로 그 자리다!"라고 대답했던 것처럼 물 흐르고 꽃이 피는 아름다운 곳은 바로 내가 서 있는 지금 이 자리가 아니겠는가!

많은 사람들이 이민생활이 바쁘다 보니 마음의 여유도, 시간의 여유도 없이 다람쥐 쳇바퀴처럼 사는 삶이라고 자조 어린 한탄을 한다. 그러나 크게 심호흡 한 번 하고 맑고 깨끗한 높은 가을하늘과 가까이 있는 나무를 바라보자. 나무는 항상 그 자리에 그렇게 있어도 불평하지 않는다. 사시사철 사람들의 마음에 시원한 그늘이 되어주고, 비바람이 불어도 한결같이 그 자리에 서 있는 나무에서 삶의 지혜를 배운다. 변함없는 나무와 항상 그 자리에 있는 갈대처럼 그 어떤 바람에도 요동치지 않는 마음으로 가을을 맞고 싶다.

화이부동(和而不同) 하는 삶

어떤 사람이 환상 중에 지옥을 갔다 왔다. 그런데 그곳에는 먹지 못해 뼈만 앙상하게 남은 사람들이 훌륭한 식탁을 앞에다 두고 멀거니 앉아 있었다.

왜 먹지 못하고 있을까? 자세히 보니 그들은 손을 굽힐 수가 없었다. 그들은 음식을 자기 입에 가져갈 수가 없어서 먹지 못하고 있었던 것이다. 맛있는 음식을 보고도 먹지 못하는 모습을 보니 안타까웠다.

그 사람은 안타까운 마음을 가지고 이번에는 천국에 가보았다. 그곳도 매우 식탁이 훌륭하였다. 살이 포동포동한 사람들이 웃으면서 따뜻한 얘기를 나누고 있었다. 알고 보니 굽힐 수 없는 손으로 마주 앉아 있는 친구들에게 서로 먹여 주며 즐거워하며 지내고 있었다.

'인간은 사회적 동물'이라는 루소의 말이 생각난다. 삶은 사회 속에서 이루어지며 수많은 관계의 연속이다. 나와 너로 이어지는 관계망 속에서 기쁨과 슬픔, 행복과 불행, 희망과 좌절 등 숱한 감정의 부침(浮沈)을 매 순간 거듭하며 살아간다.

피할 수 없는 인간과의 관계를 어떤 모습으로 조화롭게 가꿔가야 하는 것은 일생을 두고 해결해야 할 문제인 것으로 생각된다.

조화롭게 산다는 것은 자기 자신에 대한 수용과 사랑이 밑바탕이 되어야 할 것이다. 우리는 가끔 자신이 처해 있는 환경과 조건을 이리저리 따져서 자신을 어둡고 음습한 곳에 자리하게 하기도 한다. 또한 남과 자신을 비교하며 자신의 운명을 원망하고 거부하는 습관도 있다.

이것은 자신 속에 존재하는 또 다른 자아와의 끝없는 불화와 갈등, 분열을 불러일으키게 된다. 현재의 나를 인정하면서 다양한 빛깔과 향기를 지닌 타인의 존재를 있는 그대로 소중하게 인정하는 자세가 필요하지 않을까! 이것이야말로 진정한 자존심이라 생각한다. 자존심은 위선적인 자만이나 허세가 아닌, 자신을 소중하게 생각하는 사람만이 타인의 소중함도 알고 배려할 줄도 안다는 것 아닐까.

『논어(論語)』에 '화이부동(和而不同)' 이라는 말이 있다. 남의 다양성을 인정하면서 같아지기를 강요하지 않고 스스로도 비굴하게 남과 같아지려 하지 않으려 함이다. 바로 이러한 자세가 조화로운 관계 맺기의 시작이자 기본이다. 자신만의 견고한 아집의 울타리를 고수하며 생각이 다른 타인들을 배척하고 거부하고서는 타협과 조정의 화음은 기대하기 어렵다.

남을 탓하기보다 자신의 허물을 먼저 돌아보며 자신의 내면을 풍요롭게 가꾸고 이웃들과 화이부동(和而不同) 하는 삶의 지혜가 우리 사회에 정착되었으면 하는 바람을 가져본다.

산타클로스

옛날 중동 지역에 어떤 한 부자 노인이 살고 있었다. 어느 날 노인이 한적한 길을 지나고 있었는데 어느 집에서 자녀들이 슬피 우는 소리가 들렸다. 노인은 가던 길을 멈추고 그 집 근처에 다가가 그들의 대화를 엿들으니 사연인즉, 그 집은 많은 빚을 졌기 때문에 세 자매가 모두 종으로 팔려가서 소나 말처럼 일을 하게 되었다는 것이었다.

노인은 안타까운 마음에 '어떻게 하면 좋을까?' 하고 고민했다.

"참 불쌍한 집안이로구나! 내가 돈으로라도 좀 도와주어야겠다."

그는 이렇게 마음을 먹고 어디론가 사라졌다가 그날 밤, 날이 어두워지자 그 집을 찾아가서 틈으로 살그머니 돈 자루를 집어넣고는 사라졌다.

"이 정도면 될까? 모자라면 큰일인데……."

부자 노인은 다음 날 밤에도, 그 다음 날 밤에도 그 집에 돈을 갖다 두고는 사라졌다.

이렇게 좋은 일을 하고 다니는 이 노인은 마침내 사람들에게 알려져서 '성자' 라는 이름이 붙게 되었다고 한다. 그때부터 '산타 니콜라스' 라고 하면 그 지역 사람들 중에서 모르는 사람이 없게 되었다고 한다. 후세의 사람들은 그가 한 일을 본받아서 다른 사람들에게 선물을 몰래 보내기 시작했다.

이처럼 크리스마스 이브에 남몰래 선물을 보내는 것이 '산타 니콜라스'가 맨 먼저 한 것이기 때문에 후에는 산타클로스 할아버지로 부르게 되었다고 한다.

동심의 세계에 있는 어린이들은 착하고 선한 일을 하는 어린이한테 산타클로스가 온다고 믿고 있는 이 계절, 거리의 상점에서는 캐럴이 흘러나오고, 성탄 장식으로 꾸민 반짝이는 불빛에 따스하게 느껴지는 성탄절은 크리스천이 아닌 이들에게도 기쁜 날로 다가온다.

구세군 종소리와 함께 세밑 자선냄비를 채워가는 따뜻한 손길에서 한 해가 저물어 감을 느낀다. 물질의 나눔뿐만 아니라 마음의 나눔도 상대방을 따뜻하게 하는 놀라운 능력이 있다.

다른 사람에게 나눠준 사랑이 결국에는 자신의 삶을 의미와 보람으로 가득 차게 만든다.

따뜻한 마음과 사랑을 나누는 마음이 크리스마스와 산타클로스를 규정짓는 알맹이라고 생각한다. 작은 안부인사, 격려와 지지, 위로 등 평소 사소한 것이라 생각하는 것들도 모두 마음의 나눔이 아닐까! 사랑의 나눔이 있는 곳에 기쁨과 감동이 있다. 적대는 호의로, 가식은 진실로, 형식은 내용으로, 이론은 실천으로 바뀌었으면 좋겠다.

올해는 경기가 불황이라 주변을 둘러보면 경제적으로 힘들어 쓸쓸한 연말을 지낼 분들한테도 산타클로스가 되어 작은 관심을 가져 삶에 희망과 용기를 주었으면 하는 바람이다.

꿈 속에 사는 사람들

얼마 전 모 TV 방송에서 봤던 얘기이다. 어느 여자가 커피숍에 출몰한 지 수개월째 되었다 한다. 그녀는 자기 자신을 음대 대학원 교수라고 소개했다. 왜 이곳에 머물고 있느냐는 방송인의 질문에 작품 구상을 위해서라고 했다.

가끔 나들이를 가는데 버스에 오르자마자 좌석 닦기도 열심히 하고 앉았다. 여자는 버스로 1시간 거리인 어느 사찰 앞에 멈추어 서서 지나가는 행인들한테 1천 원만 달라 하면서 10시간을 구걸했다. 구걸은 이 여자의 생계수단이었다. 여자는 다시 커피숍으로 돌아와 구걸한 돈으로 빵과 커피를 주문해서 먹곤 했다.

어느 여고를 나왔다 해서 수소문 끝에 동창들이 커피숍에 와서 만나보니 얼굴도 잘 알아보고 말도 곧잘 했다. 동창들은 그녀는 활동적이고 공부도 잘했고, 반장까지 했다며 앨범을 보여주었다. 그녀의 학교 때 활동했던 사진도 있었고, 친구들이 기억하기에 그녀는 문학가를 꿈꾸고, 음악가를 동경했던 꿈 많은 소녀였다.

그 여학생이 몇십 년 지난 후에 몰라보게 변해 있었다. 불우했던 가정 형편에 그녀가 이루고자 하는 것은 그저 '꿈일 뿐' 이었다. 정신과 전문의가 "어디서 일을 하셨어요?"라고 물으니 아주 천연덕스럽게 음악활동을 했다고 한다. 현실 세계에서 있지도 않은 일을 아주 자연스럽게 거짓말을 한 것이다.

여자는 자기 자신을 과대 포장하는 일종의 망상 세계에 살고 있었다. 본인이 대단한 능력을 가진 것으로 착각, 자신을 높은 위치에 있는 사람으로 생각하는 일종의 정신병이다.

사회는 제 각각 다른 취향과 특성을 가진 사람들로 구성돼 움직이고 있다. 성격이 괴팍하거나 보통 사람들이 이해하기 어려운 행동을 하고 감정의 변화가 큰 사람들은 사회생활이 어려울 정도로 대인관계에서 어려움을 겪는다. 이런 부류의 사람들을 흔히 성격장애(혹은 인격장애)를 가진 사람이라 한다. 특별한 이유 없이 기분이 좋았다가 나빠지는 것을 반복하며, 별것도 아닌 일에 불같이 화를 내는 경우는 '경계선 인격장애' 라고 한다.

빠르게 변화하는 시대의 변화에 따라가지 못하거나 뒤쳐져 있는 듯한 느낌을 끊임없이 받고 있다면, 이 모든 것의 원인은 스트레스가 원인이며 이것이 지나치면 인격적인 장애가 올 수 있다.

그러나 정작 인격적인 장애가 있는 본인은 자신이 그렇다는 것을 절대 인정하지 않는다. 본인이 원하는 삶이 아닐지라도 마음먹기에 달려있다. 독선과 아집, 욕심은 결국 화를 자초한다. 원하지 않는 삶, 인정하고 싶지 않은 삶이라 해도 현재 상태에 최선을 다하고, 긍정적인 마음가짐으로 겸손하게 살아간다면 가벼운 정신병은 물리칠 수 있지 않을까! 지나친 공주병과 왕자병을 가진 '꿈 속에 사는 사람들' 로 인해 주위 사람을 힘들게 하고 결국은 자기 자신도 파멸의 나락으로 떨어지는 것을 종종 보곤 한다. 본인만 잘났다고 우기는 우쭐함은 결국 패가망신하게 되며, 주위 사람까지도 지치게 한다. 자신의 감정을 다스리며 '나만 옳다' 는 독선과 아집을 버리는 법을 배워야겠다.

봄의 고향악

어느덧 4월이다. 봄의 내음이 나뭇가지로부터 온다. 겨우내 얼어 있던 모든 만물이 꿈틀대며 기지개를 켠다. 벌거숭이였던 나무에 물이 오르고 꽃봉오리가 피어나며 그 속에서 푸른 싹이 돋는다.

어김없이 찾아오는 사계절에 사람도 순응하며 살아간다. 봄이 되면 왠지 희망이 있을 것 같다. 가곡 '봄 처녀 제 오시네 새 풀 옷을 입으셨네' 가 들리는 듯하다. 모든 것이 새롭게 피어나는 계절이니 은근히 가슴이 설렌다.

어린 시절 한국에서의 봄 풍경이 생각난다. 봄 아지랑이가 피어오르면 아녀자들이 냉이, 달래, 쑥을 캐러 바구니 들고 나간다. 삼삼오오 몰려다니며 누가 더 바구니에 가득 캐었나 내기까지 하며 다니곤 했다.

"먼 산에 진달래 울긋불긋 피었고, 보리밭 종달새 우지우지 노래하면 아득한 저 산 너머 고향집 그리워라 버들피리 소리 나는 고향집 그리워라"

아득한 산 너머로부터 무엇인가 올 것 같은 봄, 뭔가 좋은 일이 있을 것 같은 봄날에 고향집이 그립고, 산에 피는 철쭉꽃도 그립다. 봄의 향기 속에서 모두들 어울려 피어나는 꽃들과 함께 새로운 인생을 향해 가는 여울목이 되었으면 좋겠다. 봄이 되면 겨우내 두껍게 입던 옷이 얇아지며 화사한

옷차림이 된다. 식욕을 돋워 주는 봄나물, 봄동 겉절이 등 입맛을 살리는 나물들이 식탁에 오른다.

이곳 워싱턴에도 길거리에 핀 갖가지 꽃들과 함께 벚꽃 축제로 봄 분위기가 무르익고 있다. 이맘때면 많은 사람이 워싱턴으로 여행을 온다. 여행은 일상의 생활에서 벗어나 마음을 새롭게 하는 시간이기도 하다. 봄은 생명이 피어나는 시기이기도 하다.

봄 소풍은 빠질 수 없는 아이들의 즐거운 날이다. 내 어릴 때 보육원에서 사는 고아원생들이 꽤 있었다. 도시락을 못 싸올 것을 대비해서 담임 선생님은 도시락 두 개 싸올 만한 아이들을 살짝 불러서 두 개를 싸오도록 배려한 것은 그 시절의 따뜻한 인정이고 사회적 약자에 대한 배려였다.

도시락을 두 개 싸와 나눠먹는 기쁨을 지니고 자란 아이들이 지금도 나누는 마음, 소중한 사랑으로 삶을 살고 있으리라 생각한다. 봄 소풍을 통해서 김밥과 계란을 나눠먹을 줄 아는 정겨운 마음을 알게 해준 것은 먼저 찾아온 봄의 따사로움이 아닐까! 나눔의 마음이 기본이 되어야 남도 배려할 줄 알고 남의 마음도 헤아릴 수 있다. 자신만 생각하는 이기적인 마음은 사회를 어둡고 병들게 한다.

푸르름이 생동하고 아름다운 꽃이 대지에 만발한 봄기운 속에서 꽃들은 서로 활짝 웃어주며 아름다운 교향악을 만들어 낸다. 꽃들은 서로 누가 더 예쁜가 다툼이 없다. 꽃들이 마주보고 서로 어우러져 아름다움을 피어내듯 사람들도 꽃처럼 서로 화합하며 예쁘게 살 수는 없을까. 내 가슴에 가득한 봄처럼 이 세상도 서로를 존중하며 아름답고 화사한 사회가 되기를 기대한다.

보이지 않는 아름다움

유대인의 나라 예루살렘에 의좋은 형제가 살고 있었다.

형은 가정을 이루었고 동생은 혼자서 살았다. 추수할 때가 되자 두 형제는 밀을 베어 밀단을 두 무더기로 나누어 놓았다. 그날 저녁, 동생이 곰곰이 생각하니 형은 식구가 많아서 양식이 더 필요할 것으로 생각되었다. 그러자 동생은 밤중에 자기 밀단을 여러 단 날라다 형의 무더기에 옮겨 놓았다.

형도 혼자서 외롭게 사는 동생한테 곡식이라도 많이 줘서 위로가 되게 해야겠다고 생각했다. 형은 한밤중에 자기 밀단들을 동생의 무더기에 옮겨 놓았다. 형도 혼자서 외롭게 사는 동생한테 곡식이라도 많이 줘서 위로가 되게 해야겠다고 생각했다. 형은 한밤중에 자기 밀단들을 동생의 무더기에 옮겨 놓았다.

다음 날 두 형제가 밭에 나가보니 두 무더기의 크기가 이상하게도 처음과 똑같은 것이었다. 둘은 이상하게 여기면서도 그날 밤에도 또 곡식 단을 옮겨놓았다. 이렇게 반복되는 일을 하던 사흘째 되던 날, 형은 드디어 곡식 단이 줄지 않는 것에 대해 의심하게 되었다. 그래서 밤이 되자 형은 몰래 숨어서 지켜보기로 마음을 먹었다. 지켜보니 동생도 자신과 똑같은 일을 하고 있는 것이었다. 둘은 마침내 서로를 생각해주는 마음에 감동해서 눈물을 펑펑 쏟으며 울었다. 이 소문은 임금님께 들어가 두 형제는 많은 상금과 땅을 받게 되었다.

이처럼 남모르게 하는 아름다운 일은 값있고 빛나기 마련이다.

봉사란 남을 위해서 자기가 헌신적으로 도와주는 것이다. 그러면서 받는 사람이 언짢아하거나 불편하지 않도록 하는 것이 아닐까!

초아(超我)란 자기 자신을 뛰어넘는 다는 말이며, 봉사는 남을 섬긴다는 말이다. 초아의 봉사란 자신보다 낮은 데에서 남을 먼저 생각하며, 베풀고 섬기는 것이 봉사라 할 수 있다. 가끔은 남을 의식해서 자기 자신을 알리기 위해서 봉사를 한다고 크게 떠버리는 할머니처럼 하는 행동은 진정한 사랑에서 오는 헌신이 아니지 않을까!

성경에도 이렇게 가르치고 있다.

"너는 구제할 때에 오른손의 하는 것을 왼손이 모르게 하여 네 구제함이 은밀하게 하라."라고….

봉사란 누가 시켜서 하는 것이 아니라 자기 자신 스스로가 하는 것이다.

큰일을 하고서도 남모르게 봉사하는 사람이 있는가 하면 작은 일을 가지고도 크게 떠벌리는 행동은 진정한 아니, 아름다운 봉사라 할 수 없을 것으로 간주된다. 마음을 먼저 비우고 삶을 긍정적으로 바라보아야 따스한 마음이 되고, 사랑의 마음이 있어야 주위에 있는 사람이 보일 것이다.

주위에 있는 일부터 시작해서 겸손한 태도, 감사한 마음, 자발적 · 적극적인 마음을 가지고 어떠한 보수도 받지 않고 웃는 얼굴과 공손한 언어를 사용하며 정결하고 단정한 차림으로 봉사에 임하여야 할 것으로 생각된다.

나 자신보다는 남을 먼저 배려하는 마음은 저 내면으로부터 오는 보이지 않는 아름다움이 될 것이다.

'너 죽고 나 죽고' 식 폭력의 끝

며칠 전 신문을 펼쳐 들고 경악을 금치 못했다. 조지아 주 애틀랜타에서 처남이 총기를 난사해 누나 부부, 여동생 부부 살해 후 본인은 자살로 생을 마감한 사건이 있었던 것이다.

이 얼마나 끔찍한 일인가! 태평양을 건너와 잘 살려고 왔는데 금전 문제로 형제가 다시는 못 올 길을 가고야 말았다. 피를 나눈 형제끼리 서로 싸움 끝에 빚어진 참극에 모두 아연실색한다. 크게 다투다 보면 울분을 참지 못해 자기 컨트롤(억제) 기능이 무너진 후 쌓인 분노가 화산처럼 폭발해 '너 죽고 나 죽고' 식의 비극을 부른 것 같다.

분격(憤激)이 나면 한 가지만 보이고 다른 것은 눈에 들어오지가 않는다. 그러므로 생각은 온통 한곳에 몰리니 이성을 잃고 타인은 물론 자기 자신까지도 파멸의 길로 내몰게 한다. 돈이 목숨보다 중하지 않다. 사람의 목숨을 어떻게 돈과 바꾸랴! 아무리 돈이면 다 된다는 물질만능 시대에 살고 있다고 하지만 우리 인생은 무일푼으로 왔다가 빈손으로 가는 공수래공수거(空手來空手去) 인생이 아니던가!

내 것만 아까워서 움켜쥐고 남의 것은 소중하지 않다고 생각하는 이기적인 발로에서 모든 일은 일어난다. 내 것이 중요하면 남의 것도 당연지사 중요하다는 인식이 희박하기 때문이다.

“목숨을 위하여 무엇을 먹을까 무엇을 마실까 몸을 위하여 무엇을 입을까 염려하지 말라. 목숨이 음식보다 중하지 아니하며 몸이 의복보다 중하지 아니하냐. 공중의 새를 보라. 심지도 않고 거두지도 않고 창고에 모아들이지도 아니 하나 너희 천부께서 기르시나니 너희는 이것들보다 귀하지 아니 하냐.”라고 성경에도 쓰여 있다.

또 공자(孔子)는 과유불급(過猶不及)이라고 했다. 지나치면 모자람만 못하다는 뜻이다. 과욕초화((過慾招禍), 지나친 욕심이 재앙을 초래한다. 욕심은 본인은 물론 다른 타인에게도 큰 민폐를 끼치며 사회를 병들게 한다.

가까운 가족, 근친 간에 가깝다는 이유로 폭력이 더 난무한다. 폭력이란 가시적으로, 비가시적으로 상대방을 억압하는 행위이다. 폭력은 파멸을 부르는 병이다. 아내 구타, 강간, 강제 매춘, 인신매매, 아동 매춘 등등 폭력의 사례는 수도 없이 많다.

폭력이 난무하는 세태에 우리는 살고 있고, 자라는 청소년들도 온갖 폭력에 노출되어 있다. 사회가 보호해야 할 일이다. 우리 집 일이 아니라고 구경만 할 것이 아니라 폭력 근절을 위해 모두 힘을 합쳐야 한다. 자라나는 청소년들에게 폭력은 큰 상처가 되며, 그 폭력이 반복되는 대물림 현상이 일어난다. 이 지구상 어디에서도 폭력이 근절되는 아름다운 사회가 되길 바라면서 다시는 이와 같은 끔찍한 일이 없었으면 하는 바람이 간절하다.

겨울바람이 봄바람 춥다 한다

올해 워싱턴은 지난 수년래 눈도 많이 오고 추운 날이 계속 되어 몇십 년 만에 추위로 꽁꽁 얼어버렸다. 눈도 내려 길은 미끄럽고 곳곳에 상하수도가 터지는 일도 있었다. 어서 추운 겨울이 가고 봄이 왔으면 하는 마음이다.

사람이 삶을 살아가는 유형을 보면 둥근 모양, 네모 모양, 세모 모양, 뾰족한 모양 등 저마다의 특징을 지니고 산다. 천차만별의 사람과 매일 인간관계를 맺으며 희로애락이 교차하는 가운데, 어떤 사람과는 그저 만나기만 해도 기분이 좋고 마음에 편안함을 얻지만 콕콕 쏘는 말만 하는 뾰족한 사람과는 불편하기 짝이 없다. 둥근 사람이 뾰족한 사람 곁에 가면 항상 상처만 받게 돼 있다. 나오는 말마다 독이 들어 있어 부정적인 영향을 끼친다.

체는 칠수록 고와지지만 말은 할수록 고와지지 않고 그 반대인 경우가 많다. 쓴소리만 하는 사람은 본인 속에 쓴 물이 잠재해 있기 때문이다. 관계 속에서 힘들어하고 마음 아파하는 사람도 얼마나 많은가! 말로써 상처주고 남을 아프게 말하는 사람들은 피하는 것이 상책이다. 이들은 마음속에 쓴 물만 가득하기 때문이다. 오늘은 개었다, 내일은 흐렸다, 오늘과 내일 다르고 변덕스럽고 심술궂은 사람들은 남을 깎아 내리면 본인은 높이 위에 있다고 착각한다. 옛말에 '고기도 먹어본 사람이 먹는다.' 는 말이 있고, 사랑도 받아본 사람이 주는 것처럼 평소에 어떤 생각과 행동으로 사는지 알 수 있다.

우리 선조들은 적재적소에 적합한 표현과 속담을 잘 사용했던 것 같다. '겨울바람이 봄바람 보고 춥다 한다.' 란 말이 있다. '겨울바람이 봄바람한테 넌 왜 그렇게 쌀쌀맞니?' 하니 봄바람이 어이가 없어 말이 안 나와 아무 대꾸도 못했다는 것이다. 아무리 추운들 봄바람이 겨울바람보다 춥겠는가! 이 말은 자기 분수를 모르고 남을 탓한다는 말이다. '형제의 눈 속에 있는 티는 보고 네 눈 속에 있는 들보는 깨닫지 못하느냐' 는 성경의 마태복음 7장 말씀도 있다. 즉 자기의 허물은 보이지 않고 남의 허물만 들추어내서 시시비비 문제를 삼는 것이다.

소크라테스도 '너 자신을 알라.' 라고 했다. 자신은 모르고 자꾸 남에게만 이래라 저래라 한다. 역지사지(易地思之)란 말은 처지, 상황을 바꾸어 놓고 생각한다는 말이다. 상대방의 위치에 서서 생각한다는 이 말은 인간관계를 원만하게 하고 관계의 어려움을 해결하는 필요한 마음가짐이라 할 수 있다.

인간관계만큼 어려운 것도 없다. 남을 아량 있게 보아 줄 수 있는 마음, 따뜻한 마음은 뭇 사람의 마음을 편안하게 해준다. 곧은 마음과 따뜻한 시선을 가진 사람들이 많아지길 기대한다.

사랑의 전화

어느 목사님의 말씀이 생각난다.

'전화' 때문에 목회에 너무나 방해가 된다는 말씀이다. 한두 시간이면 교인들 간에 전화를 주고받아 문제가 심각해져 교회의 사소한 문제도 아닌 것이 눈덩이처럼 불어난다는 것이다.

내 기억의 전화는 손으로 돌려서 사용하다가, 그 다음에는 손가락을 구멍에 넣고 번호를 돌려서 용건만 간단히 하던 것으로 기억된다. 통화를 오래 하면 요금과 직결되었기 때문에 전화로 통화를 오래 하는 것은 불문이었다.

커뮤니케이션이 발달한 요즘은 요금 때문에 전화 못 쓰는 사람은 없는 것 같다. 재택근무로 전화기와 컴퓨터는 없어서는 안 될 귀중한 것이 되었다. 9 · 11 테러가 나던 날도 비행기 안에서 휴대폰으로 사랑하는 자기 아내에게 사랑한다는 말을 남기고 세상을 떠난 일은 가슴이 뭉클하도록 잊혀지지 않는 대 사건이기도 했다. 이럴 때의 전화는 정말 전화기로서의 사명을 다한 것이다.

그러나 어떤 사람들에게는 쓸데없는 무용지물이 되고 만다. 남의 집에 젓가락이 몇 개라더라, 누가 어떻게 했다느니, 쓸데없는 잡담을 할 때의 전화기는 제 기능을 다하지 못한다는 생각이 든다.

전화기는 상대방의 얼굴을 보지 못하고 오로지 음성만으로 커뮤니케이션이 이루어지기 때문에 오해도 더 할 수 있고, 또한 그 사람이 말하고자 하는 초점과 다를 수 있다. 보이지 않기 때문에 잘못 알아듣고 문제를 크게 만들 수도 있다.

요즈음은 휴대폰이 더 발달해 어떤 가정에서는 집 전화가 없고 휴대폰만 있는 사람도 많다. 사실 휴대폰에서 전자파가 나와서 건강에 안 좋다고 하지만 여전히 휴대폰은 사용량이 늘어나기만 하는 것이 사실이다. 또한 같은 회사 간의 전화는 무료라 더 많이 사용하는 것 같다.

만나지 않고도 전화로 모든 것을 다하는 시대에 사는 것은 좋지만 전화기로서의 본분은 "용건만 간단히" 라고 외쳐 본다.

모든 것이 풍부하다고 막 쓰기보다는 자제해서 사용함이 옳지 않을까 생각해 본다.

열린 음악회를 다녀와서

워싱턴청소년재단에서 개최한 음악회는 동서음악의 만남으로 조지메이슨 대학에서 열렸다. 가을의 정취가 물씬 풍기는 낭만의 밤에 50여 명의 청소년들로 이루어진 오케스트라는 한마디로 감동의 도가니였다.

이민 생활의 시름을 잠시나마 잊게 해주는 무대에는 클래식, 재즈, 국악이 함께 어우러졌다. 오케스트라의 연주에 맞춰 테너 신윤수 씨와 소프라노 김은희 씨는 우리들의 귀에 익은 〈그대의 찬 손〉과 〈내 사랑 미미〉, 베르디의 〈여자의 마음〉 등을 불렀다.

오페라 '라보엠' 중 남자 주인공인 루돌프는 글을 쓰는 사람으로서 술을 마시고 돈을 낼 수 없었던 차에 미미라는 여자가 초롱불을 들고 나와 불을 붙이고 남자가 다시 끄고 하다가 키를 떨어뜨려 다시 서로 키를 찾는 중에 두 사람이 손을 마주쳤는데 미미의 손이 너무 차가워 루돌프는 놀라면서 자기의 마음으로 녹여 주겠다고 했다. 미미는 자기는 바느질로 살아가는 여자로서 공단에 수를 놓는다고 하면서 향기 없는 꽃을 수놓으며 외로운 생활을 하고 있는 싱글이라고 했다. 루돌프가 얼음처럼 차가운 미미의 손에 놀라 따뜻이 감싸 녹여주며 정열적으로 사랑을 고백하는 말 중에 이런 말이 있다. "나는 백만장자의 마음을 갖고 있다. 너의 아름다운 두 눈 속에 넘어졌다."고 사랑의 고백을 했다.

이렇게 만들어진 것이 〈그대의 찬 손〉과 〈내 사랑 미미〉라 한다. 그런 사랑의 애잔한 얘기를 듣고 음악을 들으니 더욱 더 가슴이 시리도록, 그때의 그 두 사람을 생각해 보았다.

사랑은 언제나 환상적이고 아름다운 얘기로 남아 있을 것이다. 음악만큼 우리의 마음을 영혼을 깨끗하게 해주는 것이 어디 있겠는가!

한양대 국악팀이 나와서 〈민속합주 시나위〉, 〈남도 민요 연곡〉, 〈타악 사물놀이〉 등도 다양하게 접할 수 있는 기회였던 것 같다. 우리의 대금, 피리, 해금, 아쟁, 가야금, 거문고 등등 각기 고유의 소리로 아름다운 선율로의 소리는 얼어붙은 심장을 녹이고도 남았다. 남도의 대표적인 〈진도 아리랑〉이 나올 때는 청중들도 같이 '아리 아리랑~ 쓰리 쓰리랑~ 아라리가 났~네~' 할 때는 다 같이 한마음이 된 듯했다.

기악합주 시나위는 남도무속 음악을 기악화 한 것으로 재즈와 같이 즉흥성이 강한 음악으로 12명이 나와서 무대를 사로잡았다.

타악 사물놀이는 원래 농악의 풍물놀이에서 유래되었다고 하는데 꽹과리, 장고, 북, 징의 4가지 악기를 중심으로 재구성한 것으로 얼마나 신명나게 했는지 청중들의 환호도가 대단했다.

판소리로 〈심청가〉는 고수의 장단에 맞추어 사설, 몸짓을 섞어가며 이야기를 엮어 가는 극 형식도 보고 들을 수 있었다.

오케스트라의 〈아리랑〉 연주에 맞춰 독도가 한국 땅임을 알리는 '춤추는 독도' 도 보면서 잠시나마 독도를 잊지 않는 마음이 되었다.

가을은 사색의 계절로서 잠시나마 음악회를 통하여 뻥 뚫린 가슴을 치유하고, 상처도 아물 수 있는 시간으로 감동의 밤이었다. 음악회를 위해서 수고하신 모든 분들과 또한 뒤에서 도와주신 모든 분들에게도 감사를 전하고 싶다.

제 02부

행복한 웃음보따리

내가 서 있는 자리

어느 마을에 두 형제가 있었다. 어느 날 형제는 같이 양치기 하는 곳에서 양(Sheep)들을 훔쳤다. 그러나 발각이 되어 두 형제는 이마에 'st' 라는 표시를 붙이고 다니게 되었다. 'st' 는 양도둑이라는 의미다.

큰형은 'st' 라고 붙이고는 그 동네에서는 창피하니 다른 동네로 이사하게 되었다. 계속 이사를 다녔지만 소문에 소문은 더했다.

한편 동생은 그 마을에서 형과 똑같이 이마에 'st' 를 붙이고는 다시는 훔치는 일을 하지 않고 열심히 살아가고 있었다. 처음에는 사람들의 입에 오르내렸지만 세월이 흘러 사람들이 새로 이사도 오면서 옛날 일은 잊혀졌다. 열심히 일을 하고 성실하게 살아가니 비로소 사람들이 알기를 이마에 'st' 는 세인트(Saint) 그러니까 성자(聖者)의 약자라고 믿게 되었다고 한다.

형제가 똑같은 상황이 되었지만 형은 자기의 잘못을 은폐(隱蔽)하려고 했다. 아우는 자기의 잘못을 시인하고 미안한 마음으로 뉘우치며 더 열심히 살았기에 성자(聖者)라고 사람들이 생각하기 시작했다. 형은 다른 곳에 가면 본인의 잘못이 없어지고, 사람들이 모르는 것으로 착각했으나 소문은 끊이지 않고 오히려 자꾸 이곳저곳 옮겨 다니니 이상히 여긴 사람들에게 의심만 더하였다. 마침내 'st'는 양 도둑이라는 사실을 알아서 결국은 마지막까지 양도둑으로 살았고, 아우는 'st' 성자(聖者)로서의 삶으로 살았다.

사람의 인격(人格)이란 남이 만들어 주는 것이 아니라 본인 스스로가 만든다는 것이다. 그리스 철학자 아리스토텔레스는 좋은 인격이란 바른 행동, 즉 다른 사람과의 관계에서 또한 자신과의 관계에서 옳은 행동을 가지고 살아가는 것으로 정의한다고 했다.

그는 현대 생활에서 덕스러운 생활을 다른 사람들을 대상으로 하는 미덕들(관후와 동정)뿐만 아니라 자신에 대한 미덕들(자기 통제와 중용)을 포함해 두 종류의 미덕들은 서로 연관성이 된다고 한다. 다른 사람들에 대해서 올바르게 행동하기 위해서는 우리 자신의 식욕이나 정념을 통제할 필요가 있다고 한다.

또 다른 철학자 마이클 노벡은 인격이란 "종교적 전통, 문학 속의 이야기, 역사 속에 내려오는 현인(賢人)과 상식을 가진 사람들이 확인해준 모든 그러한 미덕들의 정연한 혼합물"이라고 했다. 인격은 살아 숨 쉬는 가치들이 행동으로 드러나는 것이다. 가치가 미덕, 즉 주어진 상황이 도덕적으로 좋은 방식으로 반응하려는 믿을 만한 내적 경향성이 되듯이 우리도 인격이란 측면의 발전이 존재한다.

좋은 인격은 선을 아는 것, 선을 바라는 마음, 선을 향하는 것이다. 즉 사고의 습관, 심정, 행동의 습관으로 구성된다. 남이 나의 삶을 대신 살아 줄 수도 없다. 내가 서 있는 자리에서 열심히 최선을 다하면서 살아가는 삶이 아름답지 않을 수가 있겠는가!

나잇값

가끔 토요일 아침에 밖에 나와 보면 메일 박스가 부서져 있고, 드라이브에는 계란이 깨져 있는 것을 볼 수 있다. 이웃 사람들은 사춘기의 왕성한 호기심이 발동한 틴에이저들이 금요일 밤에 한 짓일 것이라고 말한다. 물불 못 가리는 어린 나이에 그런 행동을 하면 이해를 하지만 성인이 되어서도 그런다면 문제가 있는 사람이다.

인간은 누구나 나이를 먹어감에 따라 나이에 걸맞은 행동을 요구 받게 된다. 나이를 먹음에 따라서 몸과 마음이 성숙해간다. 나이마다 발달 과정이 다르고, 사람마다 차이는 있을 수 있다. 아이는 아이다움이 풍겨야 하고, 어른은 어른다워야 한다. 태아와 유아, 아동과 청소년기를 거쳐 성인에 이르는 과정까지만 '발달' 이라고 말한다. 발달의 지향점은 성숙으로, 마음과 몸의 성장과 기능의 향상, 그리고 적응력의 증가 등 긍정적 변화가 특징이라고 할 수 있다.

가끔 어린아이가 어른스러운 행동을 하면 '애늙은이' 라고 표현한다. 각자 나이에 맞게 나잇값을 해야 한다는 말이 아닐까 싶다. 나이를 먹는다는 것은 가을철 들판에 풍요롭게 익은 벼처럼 인격적으로도 성숙해감이 아닐까!

나잇값 못한다는 말은 나이에 걸맞지 않는 행동을 할 때, 철없이 굴 때

쓰이는 말이다. 나잇값이란 다른 시선의 이해, 배려에서 나잇값을 느낀다. 나이에 걸맞지 않는 행동, 품행, 인품을 지녀야 한다는 뜻으로 많은 세월을 살아왔고 그 속에서 많은 것을 경험했으니 좀 더 모범적이어야 한다는 구속력도 포함된 말이기도 하다. 잘 삐치는 일, 욕심 부리는 일, 자기 밖에 모르는 심술 등에서 좀 더 열린 마음으로 능력이 된다면 지혜롭고, 베풀고, 너그럽게 장식해야 하지 않을까!

나이를 먹으면 몸이 천근만근의 무게를 이기지 못하고 주저앉는 것도 다반사요, 수십 년의 나이를 꿀꺽꿀꺽 먹는데 빼낼 방법은 없어서 무거워진다는 말이 있다. 무게가 조금씩 느껴지는 것이 한편으론 두려운 요즘이다.

모든 이치가 마음속에 있다고 하는 심외무법(心外無法)이란 말이 있다. 밖으로만 향하는 탐진치(貪瞋痴)라는 삼독심(三毒心), 탐(貪)은 탐욕, 진(瞋)은 분노, 치(痴)는 어리석음이다. 화가 나거나 두려운 이유는 바로 '나'를 보호하려고 하기 때문이다. 즉 탐욕 때문이다. 진(瞋)의 이유는 바로 탐(貪) 때문이다. 탐욕(貪慾)이 뿌리내리고 있기 때문이다. 화를 안 내려면, 자기에 대한 애착을 버려야 하고 자기에 대한 애착을 버리려면 어리석음을 제거해야 한다. 치(痴), 즉 어리석음이란 없는 나를 있다고 여기는 것을 의미한다.

억새는 단색이라도 화려한 코스모스를 시샘하지 않고, 갈대는 물가에 있어도 우아한 국화를 부러워하지 않아 가을은 풍성하고 아름답다는 말이 있다. 하늘이 허락해준 지상에서의 삶 동안 나잇값을 하면서 존경받는 어른으로 사는 사람의 모습은 아름답다.

인생은 여행 가방을 싸는 것과 같다고 한다. 여행 가방의 크기는 한정되어 있고, 여행지에 가져가고 싶은 물건들은 너무 많으니 그중 어떤 것을 놓고 갈지를 선택해야 한다는 의미이다. 인생에 있어서도 원하는 바를 이루기 위해 최대한 노력하되, 과하게 욕심내지 않고 내려놓아야 할 때 내려놓을 수 있는 용기가 중요하다. 나이를 먹어갈수록 고집스러움과 편견의 틀에 가두기보다는 포용하고 받아들이는 새로운 모습으로 사는 사람의 모습은 아름답다.

몸의 소리에도 귀 기울이자
— 정신건강 세미나에 다녀온 후

정신건강과 바른 식생활에 대한 세미나에 참석했다.

건강만큼 소중한 것이 어디 있으랴. 성경의 마태복음에는 '사람이 만일 온 천하를 얻고도 제 목숨을 잃으면 무엇이 유익하리요' 라고 쓰여져 있다. 건강을 잃으면 아무 소용이 없다는 것이다. 누구나가 건강하게 즐겁게 살기를 원한다. 그러나 뜻대로 되지 않는 것이 인생사가 아닌가!

단순한 슬픔은 성직자한테 도움을 받을 수 있지만 우울증과 조울증은 다르다고 한다. 우울증은 우울한 기분이 되어 자기 일상생활에 지장이 있을 때라고 한다. 예를 들어 잠도 잘 못 자고, 음식 맛도 떨어지고, 또는 마구 먹을 수 있고, 집중력이 없으면서 모든 것을 긍정적이 아니고 부정적으로 본다고 한다. 통계에 의하면 가족 중에 정신 병력이 있으면 4배의 우울증이 온다고 한다. 외부 조건으로는 사랑하는 사람을 잃을 때(자녀, 배우자) 병적인 우울증이 유발된다고 한다.

조울증은 질환으로 갑자기 본인이 갖고 있던 물건들을 나누어 주기도 하고, 사후 세계에 대해서도 관심도 갖고, 밤낮 없이 전화를 걸기도 하며, 거의 매일 피로 또는 에너지 상실 등이 온다. 또한 감정의 기복이 심해지기도 하고, 도박에 빠질 수도 있으며 갑자기 하지 않던 행동도 한다고 한다. 이런 우울증과 조울증은 자살하는 경우도 있으므로 주의를 요한다.

노인성 우울증도 젊은 사람들과 똑같이 오며, 자주 여기저기 아프다는 얘기를 한다고도 한다. 우울증과 치매 증상도 비슷하지만 예를 들어 항상 놓던 자리에 있는 키를 냉장고 안에 넣는다든지, 늘 가던 곳도 방향감각을 잊어버리고, 식사를 했는데도 안 먹었다고 할 때는 주의를 요한다.

치매에는 70가지의 원인이 있다고 한다. 바른 정신은 음식과의 관계도 너무 중요하다는 것이다.

우리 몸에서 제일 많이 쓰는 곳이 두뇌인데 이 두뇌는 포도당으로 산다. 몸의 밸런스를 좋게 하자면 항상 아침은 챙겨 먹어야 한다는 것이다. 하루를 시작하는 아침을 적당히 먹고, 과식은 해로우니 절제해야 한다. 과식을 하면 몸에 남은 음식은 찌꺼기가 되어 혈관성 질환을 유발할 수도 있다고 하니 음식은 골고루 적절하게 섭취하는 습관을 들이는 것이 매우 중요하다고 할 수 있다.

미국의 부자인 록펠러는 19세에 자수성가하여 53세에 희귀병에 걸려 죽게 되었다는 소리를 듣고, 자기의 재산을 사회에 기부한 후 하루하루를 긍정적 마음으로 살아가니 마음이 편안하고 웃음이 나오고 기쁨이 되어 1년 안에 죽는다는 사망선고를 받고도 50년을 더 살고 97세에 세상을 떴다.

너무 과도하게 성취욕과 정열적으로 일만 할 때는 몸에서 도파민이 과잉되고, 세로토닌은 안정감을 주고, 마음 속에 평화를 가져다 주니 몸이 회복했다는 것이다. 세로토닌이 부족하면 우울증, 자살 충동, 공황장애, 불면증, 가슴 두근거림, 자신감이 없어지기도 한다.

몸에 밸런스를 유지하기 위해서는 식품과도 관계가 매우 깊음으로 비타민, 단백질, 지방이 골고루 있어야 제 역할을 한다. 제일 중요한 것은 칼슘인데 그 칼슘을 빼내는 것은 인이라고 한다. 몸에 인이 많으면 칼슘이 빠져나간다. 또한 마그네슘이 결핍되면 심장, 신경 흥분이 되기도 한다.

우리 몸은 신비해서 이상이 생겼을 때 미리 알려주는 경고 신호를 보내지만 나 자신부터도 그것을 무시하고 지나치게 된다. 그 신호를 무시하면 나중에는 몸에 고장이 온다는 것을 가끔 경험상 터득하지만 실천은 쉽지 않다.

이민 생활에 시달려 신호를 무시하고 갈 때가 얼마나 많은가! 조금씩 휴식을 취하면서 긍정적이고 밝은 마음으로, 욕심을 비우고 봉사와 기쁜 마음으로 감사하는 마음으로 살아간다면 몸 속에 세로토닌(Serotonin)과 엔도르핀(Endorphin)이 나오는 생활이 되어 자연히 몸은 좋아져 건강은 유지되지 않을까 생각한다.

고생은 사서도 한다는데

도둑질을 해서 먹고 사는 사람이 있었다. 그는 자기 아들에게 도둑질 솜씨를 전수해 주었다. 곧 그의 아들도 아버지처럼 잘한다고, 아버지를 능가한다고 자부하게 되었다. 그래서 도둑질을 할 때면 항상 아버지보다 먼저 들어가서 나중에 나오고, 가벼운 것은 아버지 손에 들리고 가장 무거운 것은 자기가 들고 나왔다. 먼 곳에서 나는 소리도 듣고 어둠 속에서도 사물을 분별하는 능력을 갖추어 도둑의 무리에서 칭찬이 자자할 만큼 되었다. 하루는 아들이 아버지에게 자랑삼아 말했다.

"아버지, 제가 아버지 솜씨에 비해 손색이 없고, 힘도 더 세니 무슨 도둑질인들 못하겠습니까?"

그러자 아버지 도둑이 말했다.

"아직 멀었다. 진정한 지혜란 스스로 깨우쳐야 하는 것이다. 네가 가진 재주는 나한테 배운 것이지 네가 스스로 터득한 게 아니다."

아들이 말했다.

"도둑이란 재물을 많이 얻는 것이 제일입니다. 제 소득이 아버지보다 갑절이나 되고, 나이도 젊으니 제 나이가 아버지 나이가 되면 더 특별한 재주를 터득할 것입니다."

이러면서 아들은 아버지의 충고를 건성으로 들어 넘겼다.

다음 날 아버지는 아들을 데리고 어느 부잣집에 들어갔다. 아들을 보물 창고에 들여보내고 나서, 아들이 보물을 챙기느라 정신이 없을 때 자물쇠를 채운 다음, 자물통을 흔들어 주인이 듣게 하고 자신은 그 집을 빠져나왔다. 꼼짝없이 잡히게 된 아들은 꾀를 내었다. 쥐처럼 손톱으로 벽을 박박 긁어대었다. 주인은 쥐가 창고에 들어가 보물을 쓸고 있는 줄로 알고, 등불을 켜서 자물쇠를 열어 젖혔다. 그 틈을 타서 아들은 잽싸게 창고를 빠져나와서 달아나기 시작했다. 주인집 식구들이 뒤를 쫓아와 다급하게 된 아들은 연못가를 몇 바퀴 돌다가 냅다 큰 돌을 들어서 연못 속에 내던졌다. 추격하던 사람들은 도둑이 연못 속에 뛰어든 줄로 알고 연못가를 에워싸고 수색하는 동안 아들은 그 집을 빠져나왔다. 집으로 돌아온 아들은 아버지에게 따지고 들었다.

"새나 짐승도 제 새끼를 보호할 줄 아는데, 아버지는 어찌하여 저를 그토록 곤욕을 치르게 하셨습니까?"

아버지 도둑이 말했다.

"드디어 너는 천하에 제일가는 도둑이 될 것이다. 사람의 기술이란 남에게서 배운 것은 한계가 있지만 스스로 터득한 것은 그 응용이 무궁한 법이다. 곤궁하고 어려운 일은 사람의 심지를 굳게 하고 삶의 솜씨를 더욱 원숙하게 만드는 법이다. 내가 너를 궁지로 몬 것은 너를 안전하게 하기 위해서였다. 네가 창고에 갇히고 쫓기는 일을 당하지 않았더라면, 어찌 쥐가 긁는 시늉과 돌을 던지는 기발한 꾀를 낼 수 있었겠느냐? 곤경을 겪으면서 성숙해졌고, 다급한 상황을 만나서 기발한 꾀를 냈다. 이제 지혜의 샘이 한번 트였으니 다시는 실수하지 않을 것이다. 마침내 너는 천하의 독보적인 존재가 될 것이다."

아비 도둑의 말대로 그 아들은 천하제일의 도둑이 되었다.

이 애기는 조선 전기 문신 강희맹이 젊은 나이에 공부하러 가는 아들을 위해서 지었다고 한다. 초년고생(初年苦生)은 사서 한다는 말을 떠올리게 하는 이야기이다.

인생은 언제나 장밋빛이 아니다. 험난한 굴곡도 넘어야 하고 생각지도 않던 일도 갑자기 생길 수도 있다. 잘 되던 일이 하루아침에 안 되어 도산할 수도 있다. 어려운 일이 있을 때 잘 풀어서 현실을 극복하고 힘든 환경을 도약의 기회로 삼아 힘을 내야 하지 않을까!

요즘 경기가 힘들다고 자포자기하면서 자살을 하며 또한 타인까지 해치는 일이 벌어지고 있다. 값진 생명을 조금만 힘들어도 포기하는 일은 하지 말자. 어려운 순간이 지나고 나면 반짝이는 햇빛처럼 일이 잘 될 수도 있는 것이다.

인간은 누구나 행복하기를 원한다. 행복감은 본인이 만들어가는 것이다. 불행의 그림자가 드리워지면 어둡고 쓸쓸해지며 마음의 평안이 사라지고 고통과 괴로움이 엄습해 오더라도 힘을 내자. 부자가 다 행복한 것이 아니요, 가난하다고 불행하다고 할 수 없다. 가난 속에서도 웃음의 꽃이 피어나면 행복한 것이다. 우리의 인생은 행복이 있으면 반드시 불행도 있다.

이것이 우리의 삶의 리듬이 아닐까! 행복할 때는 불행을 대비해서 지혜롭게 살아야 하고, 불행할 때는 행복이란 열쇠를 가져야 하겠다. 행복의 열쇠는 스스로가 열고 들어가야만 한다. 남이 행복의 열쇠를 대신 가질 수 없다. 어려운 환경이 닥쳤을 때 낙심하지 말고 행복의 열쇠를 준비해 각자가 가지고 살아갔으면 하는 바람이다.

행복한 웃음보따리

말똥만 굴러가도 웃음이 나오는 사춘기 시절이 있었다. 세월이 갈수록 옛날이 그리워지고 생각난다.

어느 해인가 반 전체가 꾸중을 듣고 있었다. 연세가 지극하신 선생님이셨는데 화가 나신 선생님이 말을 더듬으면서 야단을 치시니 우스워서 견딜 수가 없었다. 혼나는 중이었기에 웃지 말아야 할 상황인데, 나는 웃음이 났다. 조용한 가운데 웃는 아이는 나 혼자뿐이었다. 너무 화가 나신 선생님은 '왜 웃느냐?' 하시며 더 화가 나신 모양이다. 순간 얼떨결에 옆에 짝꿍을 가리키면서 짝꿍 때문에 웃었노라 했더니 같이 호되게 야단을 맞았다. 그 후로 짝꿍은 너무 화가 나 한동안 말도 하지 않아 얼마나 미안했는지 지금도 미안한 마음이다.

혼나는 시간에도 웃음이 나올 만큼 웃음이 많은 나를 누가 막을 수 있겠는가. 나는 누군가가 넘어진 것을 봐도 웃음이 나오고 별일 아닌데도 그저 웃느라 정신이 없었다. 어머니가 "여자는 그렇게 웃으면 안 된다."며 "조신하게 웃어야 한다."라고 귀에 못이 박히도록 들었던 시절이 좋았던 것 같다.

이제는 거의 웃음이 사라져가고 있으니 웃음을 아무리 만들려고 해도 나오지 않는다. 어떤 분은 미국에 오래 살면서 비즈니스를 하다 보니 언제나 웃음으로 손님들을 대하는 생활이 몸에 배인 습관이 되어 한국을 방문했을 때 엘리베이터 안에서 어떤 여자 분이 타기에 미소를 지었더니 대번에 "미친 사람 아냐?"라면서 내리더란다. 그래서 그 다음부터는 미친(?) 소리 안 듣기 위해서 심각한 얼굴을 하고 다니다가 미국으로 들어왔다는 씁쓸한 얘기를 들었다.

미국인은 모르는 사람들을 만나도 미소를 띠지만 우리 한인들은 많은 사람들이 얼굴이 경직된 채로 다닌다. 인간만이 가진 특권 중의 하나가 웃음이라고 한다. 동물한테는 볼 수 없는 신이 인간에게 부여한 선물이다.

한 번 웃으면 5분 동안 에어로빅을 한 것과 같으며, 막혔던 혈관도 뚫리고, 우리 몸 650개의 근육도 한 번 웃을 때마다 231개의 근육이 동시에 운동을 한다고 한다. 소문만복래(笑門萬福來)란 말은 웃는 집안에 많은 복이 들어온다는 뜻이다. 한 번 웃으면 한 번 젊어진다는 일소일소(一笑一少)란 말도 있다. 웃음은 행복의 보따리와도 같다. 사람마다 웃음의 보따리를 풀어놓고 세상의 근심 걱정은 반으로 줄고 어려운 일들이 해결되었으면 한다.

미국의 저널리스트 노만 카슨스(Norman Cousins)는 웃음으로 암을 극복했다고 한다. 죽을 날만 기다리기보다는 사는 날까지는 즐겁게 살자고 생각하고 웃으려고 노력하면서 희극배우(찰리 채플린) 테이프를 빌려다 보면서 실컷 웃었고, 또한 웃을 일을 많이 만들었다. 그는 암을 이기고 건강을 되찾았다. 웃음과 유머로 병을 이겨낸 그는 웃음학 강의를 통해 많은 사람들에게 웃음을 선사하고 병든 사람을 고치는데 많은 도움을 주었다고 한다. 건강이 넘치는 곳에 분명 웃음이 넘치고, 건강이 사라지면 웃음도 사라진다.

이제부터라도 사춘기 시절로 돌아가 행복한 웃음보따리를 되찾고 싶다.

세모(歲暮)의 마음

임진(壬辰)년 용의 해를 맞이한 지가 엊그제 같은데 벌써 12월, 공연히 마음이 분주해진다. 세월은 그대로인데 무엇을 위하여 그리 바쁘게 여백을 메우려고 숨 가쁘게 달려왔나, 찬바람에 여기저기 뒹구는 낙엽을 밟으면서 걸어온 시간을 뒤돌아본다. 앞으로만 향하면 옆은 보이지 않는다. 12월은 한 해를 마감하는 시간이면서도 다가올 1월을 향한 새로운 다짐의 시간이기도 하다.

12월 세모 거리에는 캐럴이 넘치고 상점마다 크리스마스 용품들로 가득 채워져 사람들의 마음을 끌고 있다. 휘황찬란한 불빛을 바라보면 한 해가 저물어 간다는 쓸쓸함과 함께 따스한 마음이 되기도 한다. 구세군의 자선 냄비는 가는 곳마다 '땡그렁~ 땡그렁~' 사람들의 마음을 움직인다.

단 1달러라도 냄비에 넣으면서 작은 도움이나마 누군가에게 빛이 되고, 도움의 손길이 필요한 사람에게 유용하다는 생각이 들면 마음이 다시 한 번 따스해진다. 누군가에게 작은 보탬이라도 될 수 있다는 마음이 마음에 평안과 함께 기쁨을 주기 때문이다.

비록 작은 나눔이라도 나눔의 기쁨은 배가 되기 때문이다. 추위와 배고

픔에 떠는 노숙자들이 불경기로 인해 크게 늘어났다는 말을 들었다. 한 몸 의지 할 곳이 없어 떠돌이 생활을 하는 사람들의 마음에도 12월은 작은 소망이 전해지길 바라는 마음이다. 멀리서 들려오는 교회의 은은한 종소리가 사람들의 마음에 평안과 사랑으로 전해졌으면 좋겠다.

12월은 어려운 사람들을 포함한 모든 사람들에게 빛을 더해주며, 산타클로스처럼 풍성하게 다가간다. 사랑은 딱딱한 마음도 녹여주는 놀라운 능력이 있다.

12월은 모든 이에게 마음으로라도 따스하게 해주는 계절이다. '미(美)는 우수(雩愁)와 함께 한다.' 는 존 키츠의 말처럼 한 해가 저무는 12월의 아름다움 속에서 내면으로 젖어 드는 숭고한 아픔과 회한으로 얼룩진 아쉬움을 발견한다. 세밑 12월을 보내며 나눔과 베풂, 기쁨을 전해 주었던 사람, 소중한 사람, 고마운 사람, 아름다운 만남, 행복했던 순간들과 가슴 아픈 일들이 주마등처럼 스치며 황량한 들판에 서 있는 느낌이다.

금년 한 해를 보내며 모든 것들은 과거로 묻고, 좋았던 일들만 기억하자고 나 자신 스스로에게 다짐한다. 그러면서도 늘 회한이 가슴에 남는 것은 인생은 언제나 미완성이며 지나온 날들은 아쉬움이 크기 때문이다. 이 해를 따스한 마음으로 마무리 하며 내년에는 기쁘고 좋은 희망찬 일들이 많이 생겼으면 하는 소망이다.

동치미에 넣은 배

날이 갈수록 세상살이가 고달프다. 평범한 사람들이 갖고 있는 소박한 이상과 꿈은 무참하게 짓밟히는 세태가 되어 가고 있다는 생각이 든다. 허위와 거짓이 판을 친다. 서로간의 인정은 사라지는 느낌이 든다.

이 같은 세태 속에서 문득 아침 밥상에 올리기 위해 꺼낸 동치미를 보면서 생각에 잠겨본다.

'동(冬)치미' 라는 말은 '동침(겨울에 담그는 김치)' 이라는 말이 전해져 오는 과정에 '침' 자가 '치미' 로 변화된 것이다.

우리나라에서 고려 이전 시기부터 만들어 먹었는데 추운 한겨울에 뜨거운 온돌방에 서걱서걱 얼음이 뜬 동치미를 맛보아야 제 맛이라 한다. 동치미는 한국 요리에서 물김치의 일종으로 무, 배, 파, 삭힌 고추, 생강, 배와 국물로 구성된다.

어릴 적 우리 집에 셋방 사는 총각이 있었다. 그때는 연탄을 때던 때라 연탄가스를 맡고 세상을 떠난 사람도 꽤 있었고, 연탄가스 중독으로 몸이 망가진 사람들도 꽤 있던 시절이었다.

어느 날 새벽녘인가 갑자기 마룻바닥에 무언가가 쿵 하는 소리가 들렸다. 총각이 연탄가스를 맡고 문을 간신히 밀고 나오는 소리였다. 너무나 놀란 나의 어머니는 직감적으로 가스 중독이 되었다는 것을 아시고 얼른 마당의 땅속에 묻혀 있는 항아리에서 동치미를 떠다가 총각에게 마시게 했다. 그러자 신기하게도 총각은 동치미를 마시고 정신이 돌아오기 시작했다. 그때의 기억으로 나는 오늘날까지 동치미를 즐겨 먹는다.

밖에 나갔다 돌아와 가끔 가슴이 답답하고, 일이 안 풀릴 때 그 옛날 땅속에 있던 맛은 아니지만 냉장고에서 꺼내 한 사발을 쭈욱 들이켜면 내 가슴은 뻥 뚫리고 기분이 상쾌해짐을 느낄 수 있다. 그러므로 동치미를 예찬하지 않을 수 없다.

몇 가지의 재료로 어우러진 동치미는 배합이 잘 이루어져야 제 맛이 난다. 그중에 어느 것 하나라도 적당치 못하면 제 맛이 나지 않는다.

그런데 국물이 제법 색깔이 들어 군침이 돌게 하는 동치미가 있었는데, 병 뚜껑을 열고서야 잘못된 것을 알았다. 얇게 저민 배가 약간 상했는지 색깔이 다소 까맣게 되었고, 국물도 덩달아 진한 색이 되어 있었다. 작은 배 한 쪽이 전체의 동치미의 맛과 국물을 변하게 했던 것이다. 만들 때 조금 이상했던 배가 문제였다. 조그마한 것이라고 대수롭지 않게 생각했는데 온 동치미를 흐려놨으니 역시 다른 어우러진 무는 물론이고 국물 맛도 변해 있었다.

속이 상해서 아침부터 동치미를 보면서 세상살이도 같은 이치가 아니겠는가 생각해보았다. 어느 단체나 사회에도 어떤 한 사람으로 인해서 전체의 분위기가 흐려지고 온통 다른 사람들도 흙탕물에 빠지게 되는 경우를 종종 봤다.

미꾸라지 한 마리가 온 물을 흐려놓는다는 말이 있다. 남에게 피해를 주는지도 모르고 이곳저곳 돌아다니며 사람들의 마음을 아프게 한다.

문어 역시 검은 먹물을 뿌리면 그 주위에 튀기게 된다. 문어는 물렁한 머리에 움푹한 눈을 하고 여덟 개의 긴 다리를 팔방으로 뻗치고 다니며 포획

물을 향하여 휘감으면 슬슬 넋이 나간다는 말이 있다. 혼자만 빠지는 것이 아니라 다른 사람들도 같이 빠지게 되어 있다.

'까마귀 노는 곳에 백로야 가지 마라.' 라는 말이 있다. 근묵자흑(近墨者黑)은 '먹을 가까이하면 사람은 검어진다.' 라는 말로 좋은 친구를 가려서 사귀라는 것이다. 근주자적(近朱者赤)은 '붉은 것을 가까이하는 사람은 붉어진다.' 라는 말로 환경이 매우 중요하다는 것이다.

어디를 가든 흙탕물을 뿜어내는 사람이 있다. 더군다나 이민이란 항해를 하고 있는 사람들은 저마다 바쁘고 삶이 한층 더 업그레이드되기를 바라며 오늘도 내일도 열심히 뛰고 있는 사람들을 생각한다면 남에게 폐를 끼치는 행동은 자제해야 하지 않겠는가!

동치미를 보면서 작은 배 한 쪽이 동치미의 본래의 맛과 향을 잃어버리게 하는 것은 물론 먹을 수 없게 되어 얼마나 속이 상한지, 다음부터는 동치미를 담글 때 작은 재료 하나라도 중요하게 재료를 잘 선택해서 담가야겠다고 결심했다.

우리 삶도 잘 익은 동치미처럼 좋은 냄새가 나는 삶이 되었으면 하는 바람이다.

아름다운 사람을 만나고 싶다

한 주인이 자기 종을 불러서 말했다.

"너의 발이 닿는 땅만큼 너에게 주겠다. 해가 질 때까지 얼마만큼의 땅을 밟고 돌아오면 그 땅은 모두 너의 것이다. 그러나 해가 지기 전에 돌아오지 않으면 무효가 되느니라."

종은 너무 좋아서 있는 힘을 다해서 뛰었다. 종은 점심때가 훨씬 지났지만 집으로 돌아갈 생각은 하지 않고 계속 앞으로만 나아갔다. 이 넓은 땅이 자신의 소유로 된다는 생각에 가슴이 벅차 있었다. 오후 3시가 되었을까. 종은 집으로 돌아가야겠다는 생각이 번쩍 들었다. 해가 지기 전에 집에 도착해야 한다는 주인의 약속을 상기하고 종은 마구 뛰었다. 그러나 힘을 너무 많이 써서일까. 아무리 뛰어도 속력은 나지 않고 집은 멀게만 느껴졌다. 결국 종은 해가 지기 전까지 집에 돌아오지 못했다. 지나친 욕심으로 인해서 주인이 준 좋은 기회를 놓치고 말았다. 지나친 욕심의 결과는 모든 것을 물거품으로 만들었다. 욕심을 너무 과하게 부려 좋은 결과가 오지 않은 것이다.

인간이 욕심을 부리면 좋지 않은 결과가 온다는 것을 알면서도 욕심을 줄이지 못한다. 욕심을 줄일 수만 있다면 얼마나 좋겠는가.

사람은 누구든지 자신에게 주어진 분복이 있다. 주어진 분복 안에서 감사하게 살아가면 그 내면의 향기가 얼마나 아름답겠는가. 욕심을 줄이고 내면의 향기로 아름답게 채울 수 만 있다면 인생을 아름답게 살 수 있을 것이다.

내면의 향기가 아름다우면 다시 만나고 싶은 사람이 되며, 그 사람으로 인해서 주위를 훈훈하게 하는 마음과 다른 사람들을 편안하게 해주므로 얼마나 빛이 나겠는가. 욕심을 자제하고 아름다운 향기를 낼 수 있다면 빛나는 인생이 될 수 있지 않을까.

내면의 향기가 가득한 아름다운 사람들을 만나고 싶다.

샐러드 볼(Salad bowl)

태양 빛이 작열하던 7월의 마지막 날에 포토맥의 한 개인 집에서 메릴랜드 주지사 오말리의 후원 기금 모임이 있었다.

한적한 길을 지나 집집은 띄엄띄엄 있으니 아늑한 산모롱이 같았다. 철문으로 된 문을 들어서니 아름다운 정원의 꽃들이 눈에 들어왔다. 돌계단을 내려가니 뒷마당은 잘 가꾸어진 꽃나무들이 반기는 듯 저마다의 자태를 뽐내는 듯 낯선 이방인의 마음을 진정시켜주었다. 수영장에는 시원스런 분수대가 있어 더위를 식혀 주는 것 같아 인상적으로 다가왔다.

후원 행사는 A상공회의소에서 주축이 되어 마련된 것이란다.

이 땅은 오대양 육대주에서 모인 서로 다른 문화와 언어 피부색을 지닌 수많은 이민자들이 모여 살아가는 '멜팅팟(Melting Pot, 여러 가지가 녹아 있는 냄비)'이라 한다. 온갖 주물을 녹여 '아메리칸'이라는 쇠를 만들어 내는 용광로라 한다. 그러나 최근에는 상추, 양배추, 피망, 순무, 버섯 등의 샐러드 볼(Salad bowl)처럼 각기 다른 특성을 가진 채소들이 고유의 민족적 정체성과 문화를 간직한 채 서로 어우러진 나라가 미국이 아닐까 생각한다.

소수계의 힘을 합쳐 이루어진 행사에는 한인들과 다른 민족들이 서로 같이 힘을 모아 도우며 서로 간에 교류를 통해서 한인들도 주류 사회의 한 일원으로서 관심을 갖고 모이기에 힘쓰는 것은 더 나은 미래를 향해 전진해 가는 밑거름이 될 것이다.

그런 모임에 가면 사실 어색하기도 하다. 정치적(?) 모임은 나와는 너무나 거리가 먼 것으로 생각하고 있었고, 또한 관심 밖일 수밖에 없었다. 개개인이 모여서 많은 인원이 되지만 '나 한 사람쯤이야' 하는 생각이 들었던 것도 사실이다.

도착해서 친근한 얼굴들을 보는 순간에 반가운 마음이 들어 마음이 한결 가벼워지지 시작했다. 꽤 많은 아시아인들이 참여했고, 다른 소수계의 민족들도 많이 참석해 서로 좋은 시간이었을 것으로 생각한다.

음식은 한국 음식도 있었고 이름은 모르지만 고기를 간 것에 블루베리가 얹어져 있고 빵 위에는 연어가 들어간 음식 등 평소에 먹어보지 못한 음식에 눈길이 갔다. 한낮의 더운 열기가 가득한 곳에 와인도 곁들여지고, 피부색이 다른 사람끼리 서로 모여 다양한 음식을 먹으며 한마음이 된 듯한 따뜻한 시선으로 인사를 나누는 모습도 보기 좋았다. 서서 담소하면서 자기가 먹을 음식을 각자 담아서 오는 것이 습관이 안 된지라 어색했지만 로마에 가면 로마법을 따를 수밖에 없다.

간단한 식사가 끝나자 모두는 둥그렇게 서서 연설을 들었다.

오말리 주지사는 "한미 FTA가 메릴랜드에는 이익이 된다는 연구 보고서를 본 바 있다."고 하면서 "한국과 미국 간 교역을 통해 무역량이 증대되면 메릴랜드 주에도 도움이 될 것"이라고 했다. 공약으로 일자리 창출을 들면서 지난 4개월 간 일자리가 창출되어 경기 침체에서 벗어나고 있다면서 "스몰 비즈니스 지원을 통해서 메릴랜드 주가 일자리를 창출할 수 있도록 하겠다."고 했다.

주지사와 각자 2인씩 사진도 찍고, 웃음의 악수를 나누며 한인으로서의 긍지와 자부심도 가져보는 순간이었다.

능력 있는 젊은이들이 미 사회의 한 일원으로서 재량을 발하며 앞으로는 좋은 정치인들도 많이 나와 어울려 사는 이 미국 땅에서 길잡이가 되고 성공해 한인들의 위상도 높아지기를 기대해본다.

정든 집을 떠나며

새집 짓고 이사 오던 때가 엊그제 같았는데 12년을 살고 또 다시 이사 가기로 마음을 먹었다. 정성 들여 가꾸던 배나무, 사과나무, 감나무는 뒷마당에서 잘 자라서 해마다 수확하는 기쁨을 뒤로한 채 박스를 사다가 짐을 싸기 시작했다.

해외여행 갔다가 사온 독일의 색색깔의 와인잔들, 이태리에서 사온 호마이카 쟁반, 스위스의 인형들과 융프라우에서 사온 것들, 영국에서 사온 컵 등을 싸기 시작하는데 기쁜 반면에 눈물이 나기 시작했다. 각 나라에서 사온 애지중지하는 물건 등을 지금은 열심히 박스에 싸서 담지만 언젠가는 모두 두고 떠나가야 한다는 생각이 든 것은 왜일까! 그만큼 세월의 흐름에 감지하고 있다는 느낌이 들어서일까!

12년 전에 새집 짓고 이사 올 때는 마냥 좋았는데 지금은 더 좋은 곳으로 이사를 가는데도 그런 마음이 든 것이다.

하루하루를 살아갈 때는 몰랐는데 분명히 하나씩 사다가 모았었을 터인데 구석구석에서 한없이 나오는 살림살이는 몇 날 며칠을 싸고 많은 것들을 도네이션하고 쓰레기로 다 버리고 정리정돈을 다하고 나니 몸은 얼마나 고단한지, 이사를 가기란 쉬운 것이 아니란 것을 절실히 깨달았다.

예전에는 새집만을 고집했는데 살아보니 이미 다 되어 있는 적당한 집을 고르면 수고도 덜 되고 커튼도 되어 있으니 좋은 것 같다는 생각이 든다. 살아가면서 가끔은 필요 없는 물건 등은 미리 처분하고 안 쓰는 물건 등은 기부하고 필요한 사람들에게 나누어 주는 마음의 여유도 있으면 괜찮을 것 같다. 흔히들 2년 이상 안 쓰는 물건은 다른 사람에게 주면 요긴하게 쓸 수 있으니 나눔의 훈훈한 인심도 되고 일석이조가 아닐까!

또한 요즘은 이자가 싸다고 하지만 융자의 문턱은 너무나 힘들다. 클로징하기 3일 전까지 서류 내고, 다시 크레딧 조사하고 힘든 절차가 다 끝나고 마침내 서류에 사인하고 키를 받고 새집으로 들어왔다. 새로운 곳에서 다시 시작하는 마음으로 박스를 오픈하고 새 장소에 적응도 잘해야 할 것 같다.

한 해가 얼마 남지 않았다. 저물어가는 한 해를 돌아보며 굶주림과 추위에 떠는 사람들도 돌아보는 넉넉한 마음이 되어 다가오는 새해를 맞이하고 싶다.

하나님도 피곤하시지요?

어느 꼬마가 두 손 모아 기도를 이렇게 하였다. 종일 일하시느라 피곤하시겠다는 순수한 생각의 마음은 '하나님도 피곤하시지요?' 라고 질문했다는 것이다. 아이들의 마음이 얼마나 순수하면 그런 생각을 했을까!

이 지구상에는 많은 기독교인들이 있다. 모두가 하나님께 기도 드리면서 '정말 뭐든지 주세요' 라고 한다.

사람은 누구나가 부모를 선택하고 태어난 사람은 한 사람도 없다. 어머니의 태중에 있다가 세상에 나와서 그 부모로부터 하는 습관과 취향 등 여러 면으로 닮으면서 성장한다. 결혼 전과 후로 나뉜다면 결혼 전에는 보통 부모님의 종교를 따르게 되며, 결혼 후에는 가끔 종교가 바뀌기도 한다.

나의 어머니는 늦은 연세에 교회에 다니기 시작하셨다. 어려서 듣던 말 중에 "하나님께 기도 드려 네가 태어났다."고 하시면서 그 믿음을 굳게 생각하고 사셨다. 옛날 부모님들은 보통 이런 질문을 하셨던 것 같다. '재네 잘 사냐' 아니면 공부 잘하냐' '부모님은 뭐 하시냐' 등 이런 질문들을 하시곤 했다. 그러나 나의 어머니는 그 질문이 다르셨다. '교회에 나가냐' 하고 물으셨다. 다른 것도 참 좋으셨고, 세대 차이가 상당히 많음에도 불구하고 생각하시는 것도 신세대를 많이 이해하시고, 따뜻한 마음을 가지고 계셨다.

나의 큰 올케도 결혼 전에 개종하겠다고 하고 결혼을 했는데 말처럼 쉽지가 않았다. 종교가 다르면 다름을 인정해 주고 내가 믿는 종교만이 최고가 아니라 남의 종교도 존중해 주어야 한다. 결국 종교도 인간이 나약해지므로 신에게 의존하여 마음을 회심시키고 삶에 있어서 좋은 가치관으로 살게 하기 위함이 아닐까!

이민 사회에는 많은 종교인들이 있다. 개중에는 모범적으로 살고 그 모범을 본받고 살아가야겠다는 생각도 들게 하지만, 분열과 싸움이 심할 때도 있다. 물론 교회에 다닌다고 모두 크리스천은 아니고, 그냥 교회에 나가는 사람들도 있다. 이민 생활에서 오는 고달픔과 사람을 만나려면 교회에 나가야 한다는 말도 들리곤 한다. 어떤 때는 오히려 교회에 가서 상처를 받고 아예 교회를 나가지 않는 사람들도 무수히 많다. 이렇게 말하는 사람들도 있다. '교회 가서 죄를 짓고 또 회개하고 하느니 가지 않고 죄를 짓지 않는 편이 낫다.' 고….

어느 강의에 가서 들었던 한 교수님의 강연이 생각난다. 그 교수님은 "교회에 열심히 나가고 성경공부 열심히 하는 교인 중에 하나님을 아주 잘 아는 것처럼 말하는 분들이 많습니다."라며 "'저는 하나님을 모릅니다. 제가 감히 어찌 하나님을 알겠습니까' 라고 말하는 교인이 제대로 하나님을 아는 겸손한 교인이지요. 제대로 모르는 사람은 무엇을 아는 것처럼 말이 많고, 제대로 무엇을 아는 사람은 말을 아끼지요."라고 말씀하셨다.

내 것만 옳다고 주장하고, 내 것만 좋다고 우기는 것은 꼬마가 기도한 것처럼 하나님이 얼마나 피곤해하실 것인지 생각하게 하는 얘기가 아닐까! 어떤 종교를 믿든 결국은 선을 행하고, 사랑, 더불어 사는 사회에 이바지하며, 세상을 아름답게 가꾸어 나가는 데 앞장서는 게 바른 자세가 아닐까 생각해 본다.

이재무 시인을 보고 난 후

서울에서 온 이재무 시인의 강연회는 여름밤의 후덥지근하던 내 마음을 씻어내게 해 주었다. 그는 "좋은 시란 무엇인가"에 대해서 첫말을 이렇게 했다.

생물학자 만하임 쿤은 패러다임에 다음과 같이 정의하였다고 한다. "패러다임이란 당 시대 사회 구성원들의 합의에 의해 기초된 것이다." 이 말은 절대적, 객관적 개념이 아니라 사람들의 요구에 따라 다르게 구성될 수 있는 상대적 개념이란 뜻을 내포한다고 했다. 다시 말하면 즉 시대마다 사람들의 합의가 달라져 다르게 구성될 수 있는 것이 패러다임이란 것이다.

시는 발견의 미학으로 보이는 현상의 이면적 진실이다. 사람들은 앞모습만 주시한다. 우리가 잘 아는 축구 선수 중에 박지성은 평발인데도 노력을 통해서 훌륭한 축구선수가 됐다. 우리는 앞면에 보이는 '와! 연봉이 얼마인가' 에 관심은 있어도 그가 어려움을 어떻게 극복했는가는 생각 못 한다는 것이다.

천양희 씨의 시 「뒤편」이다.

"성당의 종소리 끝없이 울려 퍼진다. 저 소리 뒤편에는 무수한 기도문이

박혀 있을 것이다. 백화점 마네킹 앞모습이 화려하다. 저 모습 뒤편에는 무수한 시침이 꽂혀 있을 것이다. 뒤편이 없다면 생의 곡선도 없을 것이다."

이 시에서 현상 너머의 이면적 진실은 우리를 아프게 한다. 이미지와 실체가 언제나 일치하는 것은 아니다. 공중에 파문을 내면서 꽃을 만나면 웃음을, 풀과 나무를 만나면 푸름을, 언덕을 만나면 굴렁쇠가 되는, 환하고 푸르고 둥근 종소리. 그러나 뒤편에는 누군가의 간절한 기구가 있다는 것을 이 시에서 말하고 있다는 것이다.

우리의 인생도 앞면과 뒷면은 다르다. 보이는 것에만 주력해 살아간다면 그 삶이 피곤할 수도 있다. 보이지 않는 것에도 노력을 한다면 인생의 굴곡과 파도를 만나도 헤쳐 나갈 수 있을 것이다. 성경에도 이렇게 되어 있다. "넓은 문은 들어가기 쉬우나 좁은 문으로 들어가는 것은 너무나 어렵다."

이재무 시인은 시 쓰기에 대하여 잘 알려 주었지만, 한마디로 "일상 어법을 따르는 것이 아니라 일상 어법에서 벗어난 일탈적이면서도 창조적인 언어의 사용이 필요하다."고 했다.

그의 말에 이런 얘기가 있다. 옛날 아버지들의 보편적인 대화를 보면 음식이 맛있어도 절대로 맛있다는 말을 하지 않고 "개 주기는 아깝구먼." 하신단다. 만약 맛이 없다면 단번에 "돼지 주면 되겠다."라고 하신단다. 대화는 직설적으로 하지 않고 멋쩍어 하시는 아버지들의 말이 그리워진다.

그 강연을 듣고 난 후 아버지가 그리워지는 이유는 무엇일까? 재미있게 강연을 이끌어 가신 시인에게 고마움을 전하면서 나오니 밖은 어둠이 칠흑같이 쌓여 내 마음은 한국의 옛날 어릴 적으로 돌아가 생각하면서 집으로 향하게 되었다.

오늘이 가면 영원히 오지 않는 내일을 향하여….

눈부시게 밝아진 신문을 접하며

새벽 4시 30분이면 어김없이 배달되는 신문이 고맙기 그지없다.

5시에 일어나 하루 일과를 신문과 함께 시작한다. 신문의 잉크 냄새와 함께 간밤에 어떤 일이 있었으며 온갖 세상 돌아가는 사정을 넓은 지면에서 만난다. 오늘(3월 1일) 아침 〈한국일보〉를 펼치는 순간 글씨가 오늘따라 또렷이 보이고 뭔가가 달라졌다는 느낌이었다. 앞면을 읽기 전까지는 몰랐던 사실이 이내 눈에 들어왔다. 인쇄가 밝고 깨끗해졌다는 점과 신문의 고급화와 질을 위해 컬러 지면도 늘리고, 몇 가지를 보강했다는 기사를 읽고 나서야 어쩐지 내 눈에 신문이 다른 각도로 들어온 사실에 미소가 지어졌다. '역시 사람 눈은 예리하군.' 하면서 다른 날보다 더욱더 신문에 정이 가기 시작했다.

항상 신문에 대한 고마움을 느끼며 글로 표현하고 싶었다. 작은 행복한 마음이 신문과 함께 하루를 여는 시간, 하루에 누구나에게 주어지는 24시간을 모든 사람들은 각자 사용한다. 그저 무의미하게 지내는 사람도 있을 것이고 밝고 활기차게 기쁜 마음으로 시작할 수도 있을 것이다. 이왕이면 기쁜 마음으로 시작한다면 더더욱 좋을 것이다. 매일 배달되는 신문을 읽으면서 어떤 때는 버리기가 아깝다는 생각이 들곤 한다. 신문을 만들기 위해서 많은 분들이 수고하고 기사와 사진 등등 얼마나 할 일이 많겠는가! 그런 신문을 한번 훑쩍 읽고는 대수롭지 않게 여긴다는 사실에 항상 마음이 미안(?)한 마음조차 들었다.

신문에는 우리가 살아가면서 알아야 할 모든 일들이 한눈에 들어온다. 세상 이야기도 있고, 요리 얘기도 있고, 연예인들 얘기, 정치 이야기, 한국의 소식, 이민 생활의 소식, 스포츠 소식, 또한 오늘의 운세 등 읽을거리가 너무나 다양하다. 그중에서 그냥 재미 삼아 오늘의 운세도 빠짐없이 읽는다. 아마 많은 독자들도 흥미로 볼 것이라 생각한다.

내가 아는 지인은 신문을 열심히 읽고 난 후 노트에 열심히 스크랩을 해두신다. 이렇게 열심히 신문을 유용하게 다루는 분을 볼 때마다 '배울 점이구나!' 생각하지만 집에 돌아오면 다시 잊어버리고 살아가고 있다.

오늘부터 잉크가 손에 안 묻으니 너무나 감사한 마음이다. 다양한 볼거리를 제공해주는 신문사에 고마움을 전하며, 또한 이른 새벽에 배달하는 분에게도 감사함을 전하고 싶다.

네덜란드 튤립 꽃

오래 전에 네덜란드 여행을 다녀왔다.

여행은 미지의 세계로의 가슴을 부풀게 만들고 다시 재충전할 수 있는 시간이기도 하다. 풍차의 나라로 유명한 곳. 그리 크지 않지만 한가로움의 아늑한 기분이 들었다. 쿠켄호프 가든(Keukenhof garden)은 79에이커(32헥타르)의 1000여 가지의 많은 종류의 꽃들 색색깔로 울긋불긋 정말 튤립 꽃이 그렇게 많은 것은 처음 본지라 아름다운 꽃들을 보면서 환희에 찼던 기억이 난다.

아름다운 꽃을 보면 누구나가 좋아하고 꽃과 같이 때 묻지 않은 순수한 마음이 잠시나마 된다. 그러나 일상생활로 돌아오면 언제 그랬냐는 듯 살기에 급급하여 다시 똑같은 반복의 생활의 패턴이 되고 만다. 다시 경쟁의 사회 속에서 살아가는 것이다.

인생은 정답 없이 각자 누구나가 주어진 삶에 따라서 살아갈 수밖에 없다. 아름다운 튤립 꽃처럼 잘 가꾸어진 밭에서 인생을 살아가는 사람이 있는가 하면, 돌밭에서 사는 사람도 있다. 그러나 아름다운 꽃밭을 만들려면 많은 인내와 시간이 필요하다. 하루아침에 거저 얻어지는 것은 아무것도 없다.

많은 종류의 튤립 꽃들이 저마다의 색깔로 뽐내지만 거름 주고 열심히 물주고 가꾸어 주었기에 세계의 많은 사람들이 그곳에 와 잠시 보면서 감탄과 탄성이 나오는 것이다. 우리는 이미 꽃들이 피어 있는 겉모습만 봤지 꽃들이 흔들리면서 피어난다는 것은 모른다.

꽃이 되기까지는 조그만 모종을 심어서 다시 매만져주고 반복하기를 얼마나 했을까! 여러 종류의 꽃들이 한데 어우러져 비로소 각각의 꽃들이 하모니를 이루어 관광객들에게 심신의 위안과 기쁨을 준다.

아름다운 향기 속에서 살고 싶은 마음 간절하다.

신문대학 나왔어요

어느 모임에 갔을 때의 일이다. 어떤 사람들은 묻지도 않는 말에 혼자 자랑하느라 여념이 없다. 무슨 대학을 나왔고, 무슨 일을 한다느니 하면서 자기를 내세우느라 바빴다. 그러자 한 분이 이렇게 대답을 했다.

"저는 신문대학 나왔어요."

짧은 순간에 스치는 생각, '신문대학이 있나?' 그분의 말인즉 16세 중학교 시절부터 신문을 읽기 시작해 평생 살면서 매일 신문을 읽고 스크랩을 해두고 해서 모든 지식과 지혜를 배웠다고 한다. 그래서 대학 안 나왔어도 당당하게 즐겁게 산다고 했다.

참 신선한 얘기로 다가왔다. 신문을 매일 몇십 년 공부했으니 신문대학 나온 것이 아니겠냐는 얘기다. 신문에는 세상을 살면서 알아야 할 정치, 경제, 교육, 사회, 음식, 연예가 얘기 등등 정말 다양한 읽을거리가 넘친다.

요즘 인터넷의 발달로 신문을 보는 사람이 점점 줄어든다고 하니 걱정이다. 종이 냄새 맡으며 눈을 두리번두리번 하면서 읽는 재미를 아는 사람은 전자신문은 어색하기만 할 것이다. 인터넷의 발달로 좋은 것도 있지만, 다 좋은 것만은 아니다. 종이에서 느끼는 감정은 오래된 친구처럼 편안하다.

누워서도 읽고, 어디서나 펼치면 지면이 눈에 쏙 들어온다.

요즘은 책들도 안 팔린다고 한다. 종이책보다 전자책을 선호하는 사람들도 꽤 있기 때문일 것이다. 어릴 적에 동대문 근처에 나가 헌 책도 사고 빼곡히 꽂혀 있는 책들을 보고 모두 다 샀으면 하고 바랐던 적이 생각난다.

그 옛날 신문은 보고 나서 아주 유용하게 사용했던 기억들도 난다. 신문으로 돌돌 말아 싸준 붕어빵에 대한 향수와 함께 국화빵, 군밤, 하얀 국수도 신문에 돌돌돌 말아 싸줬던 기억이 난다. 팥이 들어간 붕어빵을 먹으며 신문을 보는 재미도 이제는 찾아 볼 수 없는 옛 추억이 되었다.

묵은 짠지가 맛있다는 말처럼 오랫동안 봐온 신문을 매일 아침에 만나는 시간이 기다려진다. 신문을 만드는 데 수고한 분들과 비가 오나, 눈이 오나 신문 배달해 주는 분들이 얼마나 고마운지 모른다.

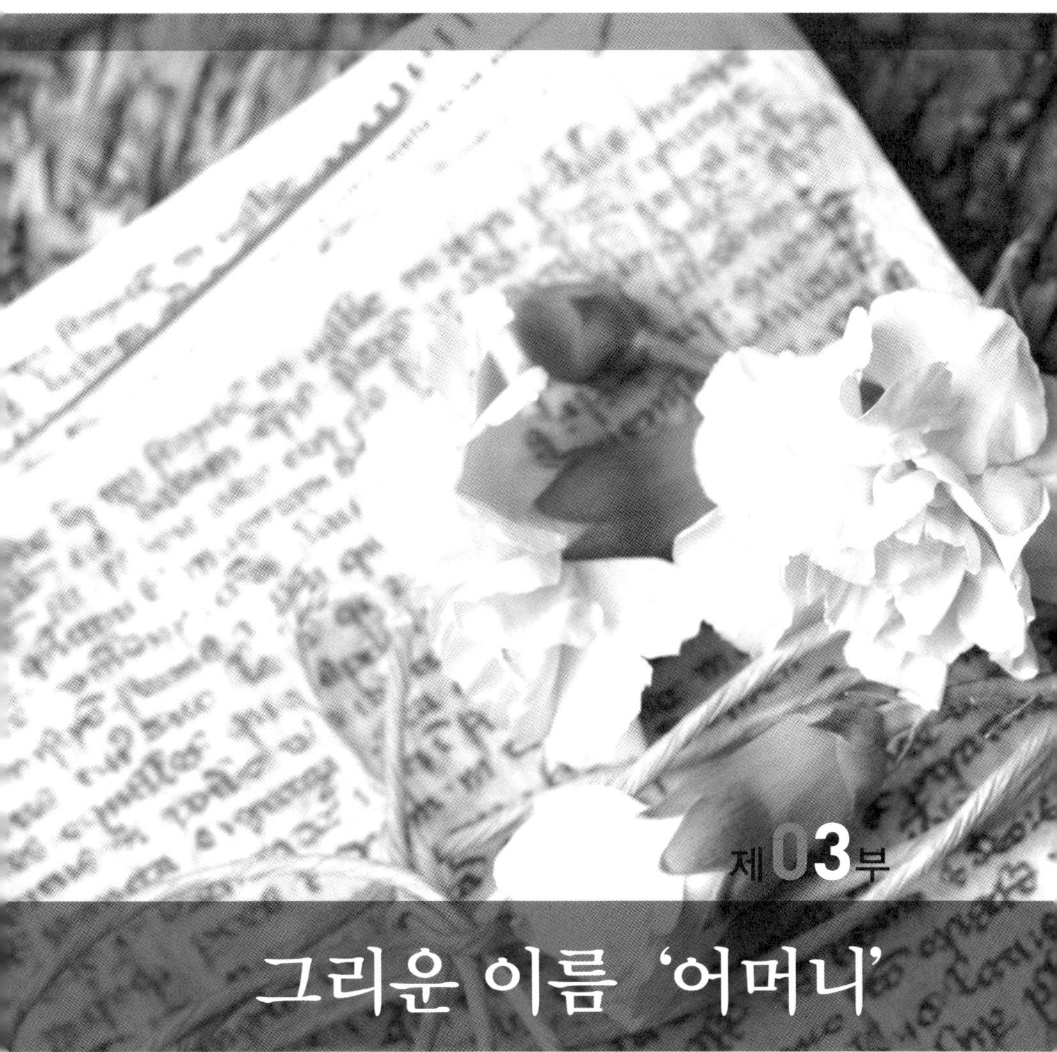

제03부

그리운 이름 '어머니'

입장 바꿔봐
(Put yourself in my shoes)

한 여인이 어느 집에 놀러 와 두 여인이 얘기를 시작했다.

"댁의 며느리는 잘 들어왔나요?" 그러자 다른 여인이 "우리 며느리는 너무 게으르고 일도, 집안일도 잘 못한다."라고 하면서 며느리가 잘못 들어왔다고 하소연했다. 이번에는 "딸은 시집 잘 갔어요?"라고 묻자 "예, 우리 딸은 시집을 참 잘 가서 물 한 방울 손에 묻히지 않고, 아무것도 하지 않고 아주 잘 살고 있다."라고 말했다.

며느리는 남의 딸이니 와서 일하고 고생하는 것이 당연하고, 자신의 딸은 놀고먹으니 시집을 잘 갔다는 말이다. 같은 여자인데도 딸은 내 편, 며느리는 남의 편이라는 생각이 같은 상황인데도 대답이 다르게 나오는 것이다.

'며느리가 미우면 버선 뒤꿈치도 밉다.' 는 말이 있다. 내 아들한테 시집온 며느리를 내 딸이라고 생각한다면 그저 예쁠 것이다. 그런데 남의 딸이라는 이중 잣대로 생각하니 사사건건 못마땅하다고 미운 것이다. 내 딸이 소중하면 남의 딸도 소중하다. 그 부모한테는 더 없이 귀한 딸이다.

우리는 너무 남의 것, 내 것을 따진다. 내 핏줄, 남의 핏줄 심지어 한국에서는 한국인에게 입양이 어려워지자 모두 다른 나라로 입양을 보낸다는 소식도 들린다. 오늘날 수많은 한국인이 다른 나라에 입양돼 잘 살아 성공을 거둔 예도 있지만 가끔은 그 현실에 적응이 안 되어 타락의 길로 빠진 얘기를 종종 듣곤 한다.

'나와 남' 이라는 이분법적 잣대는 내 입장에서만 생각하는 이기심이다. 남의 입장은 생각지 않고 '나' 라는 존재만 두각시키기 때문이다.

미국인들이 쓰는 용어에 'Put yourself in my shoes.' 라는 말이 있다. 직역하면 '당신을 내 신에 넣어봐.' 라는 말이다. 즉, 입장을 바꿔놓고 생각해보라는 말이다. 즉 내 입장이 되어서 생각해 보란 말이다. 그러면 답이 나온다. 왈가왈부할 필요 없다. 언제나 내 입장만 생각하기에 불평불만, 불협화음이 나온다. 그런 사람은 어디를 가나 문제를 일으키게 된다.

세상살이는 인간과 인간이 같이 더불어 사는 것이다. 사람 위에 사람 없고 사람 밑에 사람 없다고 한다. 다른 사람을 자기보다 천하게(낮게) 여기고 본인은 굉장한 지위에 있다는 우월감이 생기기 때문이다.

마음을 비우고, 겸손해질 때 우러름을 받게 되어 있다. 남들이 잘 낫다고 여겨야지, 본인 스스로 우월감에 젖어 있으면 남들은 존경하지 않는다. 인간은 사회적인 규범 속에서 어울려 살게 되어 있다.

내 것이 중요하면 남의 것도 중요하다. 나를 너무 내세우기 전에 남의 입장에서 서서 한번 생각하면 이해하게 된다. 남을 먼저 배려하는 마음과 따뜻한 마음은 주위 사람의 마음을 감동되게 한다.

아름다운 마음을 가진 사람이 점점 많았으면 하는 바람이다.

그리운 이름 '어머니'

'불러~봐도 울어~봐도 못 오실 어머님을~~ 원통해 불러~보고 땅을 치며 통곡~해요 다시 못 올 어머니~여 불초한 이 자식은 생전에 지은 죄를 엎드려~ 빕니다~~' 라는 노랫말이 있다. 어머니를 생각하는 자식의 마음이다. 어머니가 돌아가신 후에 후회하고 원통해 한다는 말처럼 살아생전에 효도를 다해야 하건만 살아계실 때는 바쁘다는 핑계로 못하고, 떠나신 후에 눈물을 흘리며 엎드려 빈다는 말이다.

매년 5월이 되면 어머니에 대한 그리움이 더욱 사무친다. 어머니가 살아계신 분들은 마더스 데이(Mother' s Day)에 어머니를 모시고 식사도 같이 하며 카네이션도 꽂아 드리고 선물도 드리는 기쁜 날이다. 그러나 어머니가 이 세상에 안 계시는 나 같은 사람은 오히려 쓸쓸하기도 한 날이다.

이 세상의 모든 어머니들은 손발이 부르트도록 자식을 위해서 고생하고 무조건적인 사랑을 준다. 비가 오나 눈이 오나 자식 걱정에 주름진 모습의 어머니들, 이 땅 위에 모든 어머니들은 위대하다. '여자는 약하지만 어머니는 강하다.' 라는 말처럼 자식을 위해서는 초개같이 목숨을 버리는 일도 불사한다. 자식 잘 되기만을 학수고대하며 긴 노동과 모진 고생도 마다하지 않고 자식을 위하여 밤낮으로 뛰고 있는 부모들, 과연 그 마음을 알아주는 자식들은 얼마나 될까.

어떤 부모들은 말한다. "저희들 잘 살면 되지, 우리는 바라는 것 아무것도 없다."라고…. 그 마음속에는 자식들에게 큰 효도를 바라진 않지만 잘 찾아와 주고, 따뜻한 말 한마디라도 자녀들한테 들으면 모든 고생이 눈 녹듯 사라진다는 속내가 들어 있다. 자녀들은 나름대로 자신들의 삶에 바쁘고 생활에 지쳐 어머니날이 와도 못 찾아뵙고 미안해하는 자식들도 있을 것이다. 그날 하루 어머니를 찾아뵙고는 할 일을 다 했다는 자식도 있을 것이다.

내 자식을 위하여 대부분의 어머니들은 눈물을 흘리지만 어머니를 위하여 눈물이 흐르도록 마음 아파하는 자식은 그리 많지 않은 듯하다. 특히 사춘기 자녀들로 인해서 눈물 흘리는 어머니들이 많다. 사춘기는 물불 못 가리고 어른이 다 된 것처럼 착각에 빠지는 질풍노도와 같은 시기, 인생의 과정에서 보면 어린아이에서 어른으로 변해가는 중간 과정이다. 누구든 거치는 그 과정을 잘 견디어 자녀가 성장하고 철이 들면 자식들을 걱정하며 노심초사했던 부모의 걱정은 눈 녹듯이 사라진다.

모든 자식들을 훌륭히 키워내는 어머니의 수고야말로 지구상에서 정말 아름다운 일이다. 자식을 낳아봐야 어머니에 대한 노고를 알면서도 살다보면 자식 된 입장에서 차일피일 미루다 잘 못하고 살아갈 때가 많다. 가끔씩 언론지상에서 연로한 어머니를 산이나 여행지 낯선 곳에다 어머니를 버리고 왔다는 뉴스를 접하면 가슴이 아프다. 어머니들은 자식 걱정에 잠 못자고 헌신적인 사랑으로 키웠건만 자식은 어찌하여 어머니를 헌신짝 버리듯 하는지, 인간의 기본 도리가 땅에 떨어져 가는 것 같아 안타깝다.

만감이 교차하는 계절의 여왕 5월, 돌아가신 어머니에 대한 그리움과 죄송함, 과연 나는 좋은 딸이었나 돌아보게 된다. 이와 함께 내 아들에게 과연 나는 좋은 어머니인가 반성하게 된다. 지난 시간을 돌이킬 수만 있다면 어머니에게 조금 더 잘할 수 있었을 텐데 라는 후회감이 밀려온다. 다시 한 번 불러 보고 싶은 이름 '어머니', 어머니 생전에 미처 못 했던 말을 합니다.

어머니 사랑합니다.

그리고 고맙습니다.

좋은 인연, 나쁜 인연

우리 인생은 만남을 통해서 이루어진다. 수많은 사람들과의 관계에서 때로는 웃기도 하고 울기도 한다. 원래 상처는 가까운 사람이 준다. 상처를 주는 사람의 마음이 뾰족하기에 쓴 물이 나오므로 타인에게 그렇게 하는 것이다. 좋은 인연은 오랫동안 유지되지만 악연은 상처로 남게 된다.

혈연관계는 좋든 싫든 상관이 없지만 타인과의 만남은 주로 목적에 의해서 이루어진다. 평소에 안부 전화 한 번 하지 않다가 어려운 일이 있을 때만 친한 척 연락하는 사람, 잘 지낼 때는 아무 소식이 없다가 울적할 때만 전화를 걸어 푸념을 늘어놓는 사람, 도움이 필요할 때만 찾아오는 사람, 추천서나 소개가 필요할 때만 선물이나 이메일을 보내는 사람을 좋아할 이는 없을 것이다. 자기 이익에 따라서 움직이며 약자에게는 막 대하며, 강자에게는 한없이 비굴해지기도 한다.

좋은 관계는 평소에 잘해야 한다. 한비자는 '역린지화(逆鱗之禍)'로 이것을 경고했다. "용이란 원래 순한 동물인데 잘 길들이면 사람이 타고 다닐 수도 있지만 목 근처의 길이가 한 자나 되는 거꾸로 난 비늘, 역린을 건드리면 절대로 안 된다. 용은 이것을 건드리는 자를 반드시 죽여 버린다.

군주에게도 이런 역린이 있으니 절대로 이 역린을 건드려서는 안 된다."라고 했다.

군주만 역린을 갖고 있는 것이 아니다. 사람이라면 누구나 역린을 가지고 있다. 좋은 관계를 원한다면 아무리 허물없는 사이라도 그 사람의 역린을 건드리면 안 될 것이다.

좋은 만남을 위해서 상대방을 이해해주고, 사랑하는 마음으로 다가가는 사람이라면 누구나 그와 따뜻한 차 한 잔을 마시고 싶어질 것이다.

감사의 계절

어느덧 무더운 여름이 지나고 이제는 단풍잎이 노랗게 물든 가을이 왔음을 피부로 느낀다. 이른 아침 잔디에는 서리가 하얗게 내려 있다.

이맘때 옛날 한국에서는 우리 어머니들이 연탄, 쌀, 김장을 걱정하곤 했었다. 이 세 가지가 해결되면 겨울을 지낼 수 있기 때문이었다. 그러나 이제는 이런 단어들이 생소하기까지 하다.

여기 미국에서는 이런 걱정을 안 해도 되니 얼마나 감사한 일인가. 케냐에서는 먹을 것이 없어서 임산부의 70%가 돌이나 흙을 먹는다고 한다. 오도와는 식용돌이라 불린다. 하루 한 끼도 힘든 상황에서 돌을 먹으면 철분이 있다 하여 매일 먹는다고 한다. 그러나 돌에는 각종 기생충이 있고, 또 신장 결석이 생기기가 쉽다. 어떤 여자는 21년째 돌을 먹고 산다고 한다. 오랫동안 돌을 먹고 살고 있다는 것이 믿어지지 않는데 사실이라고 한다. 얼마나 먹을 것이 없으면 인간이 돌을 먹겠는가.

성경의 데살로니카 전서에는 항상 기뻐하고, 쉬지 말고 기도하며, 범사에 감사하라고 가르치고 있다. 이는 하나님의 뜻이기도 하다. 하나님이 창조하신 이 땅 위에서 산다는 것은 큰 축복이 아닐 수 없다.

우리는 좋은 환경 속에서 풍요로운 음식을 먹으며 살아가고 있다. 11월은 감사의 계절이기도 하다. 넓은 들의 곡식과 추수의 기쁨을 만끽하는 농부들에게도 감사를 전하고 싶다.

모든 것에 감사할 수 있는 마음을 가지게 해달라고 두 손 모아 기도한다. 주신 것과 현재의 생활에 만족하며, 식구 모두가 건강하게 지내고, 더 이상 욕심 부리지 않으며, 단풍이 곱게 물들어가는 이 계절에 감사함을 느끼며, 하루하루를 불평 없이 살아갈 것을 다짐해본다.

희생적인 어머니

5월은 계절의 여왕으로도 불리는 달이다. '어머니'란 단어는 부르기만 해도 코끝이 찡해지고 가슴이 뭉클해진다. 눈가에 이슬이 맺히는 이유는 어머니의 희생적인 사랑 때문인 것 같다. 이 세상에 어머니 없이는 태어날 수도 없고 어머니의 존재란 보이지 않는 희망이요, 길이라 할 수 있다.

1960년 9월에 있었던 로마 올림픽대회에서 미국 국가대표 선수로 출전해 금메달 세 개를 획득한 '윌마 루돌프'라는 여자 육상 선수가 있었다. 그녀는 1940년에 가난한 아프리칸 아메리칸으로 태어나 네 살 때 소아마비에 걸렸다. 3년간 매일 병원에 와서 치료를 받으면 나을 가능성이 있다는 의사의 말에 어머니는 3년이 아니라 30년이 걸린다 해도 꼭 고쳐주겠다고 결심을 했다.

그날부터 어머니는 윌마를 업고 네 시간씩 걸리는 길을 버스를 타고 3년 동안 빠지지 않고 다녔다. 그 결과 윌마는 7살이 되서야 자기 제 발로 설 수 있게 되었다. 그때부터 어머니는 날마다 낮에는 공원에 데리고 가서 걷기 연습을 시켜주고 밤에는 다리를 주물러주면서 낫기를 염원했다.

1년 후 윌마는 제 발로 학교에 다니게 되었고 고등학교를 다닐 때는 소아마비가 완전히 치료되어 교내에서 제일가는 육상 선수가 되었다. 대학에 들어간 그녀는 더욱 훌륭한 코치의 지도를 받게 되어 1960년 9월에 열린 올림픽 대회 여자 100m 달리기 시합에서 세계 신기록인 11초를 수립했다. 또 200m 경기와 300m 경기에서도 모두 우승을 하여 금메달을 세 개나 따냈다. 윌마는 금메달을 받는 순간 울음을 터뜨리면서 이렇게 말했다.

"어머니! 감사합니다. 저는 세 개의 금메달을 땄어요. 이것이 어머니의 은혜예요. 어머니의 사랑입니다."

딸은 어머니의 사랑으로 역경을 이겨내고 선수가 되어 어머니의 사랑에 보답했다.

많은 사랑 중에서 어머니의 사랑은 끝도 없이 든든한 고목으로서 버팀목이 된다. 조건 없이 자식들을 위해서 한평생 바치시고 희생을 감수하기에 이 세상이 존재하지 않나 생각하게 한다. 어머니를 통해서 사랑을 배우고 사랑을 알게 되는 것이 아닌가!

사랑의 종류 중 쏠리아는 부모 · 자녀 등 육친애이고, 휠리아는 친구 · 사회 · 민족애이며, 에로스는 조건적 사랑, 남녀 간의 사랑을 말한다. 이 세 가지는 유한적(有限的) 사랑이고, 아가페의 사랑은 희생적 사랑이다. 아가페의 사랑은 무한적(無限的)사랑이다.

심지어 동물들도 모성애(母性愛)가 있다. 동물들의 모성애가 얼마나 강한지 실험을 통해서 알아본 결과는 이렇다. 아빠, 엄마, 새끼 원숭이를 바닥이 뜨거운 방에다 두자 엄마 원숭이는 새끼 원숭이를 업어 주었다. 그러나 아빠 원숭이는 새끼 원숭이를 바닥에 깔고 새끼 위에 있었다 한다. 동물들도 '엄마'는 모성애를 통해서 새끼를 보호해주고 감싸주는 마음이 있다.

"여자는 약하지만 어머니는 강하다."라는 말이 있다. 우리가 받는 사랑의 몇 분의 일이라도 어머니께 사랑을 드려야겠다. 우리가 드리는 사랑의 씨앗은 자기의 자녀에게도 열매를 맺어 자신에게로 오지 않을까 생각해본다.

아름다운 5월만이라도 어머니께 카네이션도 달아주고, 자주 뵙고, 전화도 드려 한평생을 위해 바친 어머니의 크신 사랑에 보답이라도 해야 하지 않을까 생각해 보는 이 계절에 감사한 마음이 든다.

지혜로운 토끼

산에 살고 있는 호랑이가 먹을 것을 찾으러 다니다가 나뭇가지 위에다 만든 둥지에서 알을 품고 있는 학을 발견했다. 호랑이는 학한테 다가가 품고 있는 알을 달라고 했다. 만약에 주지 않는다면 나무 위에 올라가 학까지 잡아먹겠다고 위협을 했으니 할 수 없이 학은 알을 주었다.

알에서 고소한 단맛을 본 호랑이는 하나 더 달라고 요구했다. 이번에는 더 눈을 부라리며 위협을 했다. 학은 아쉬운 대로 알을 하나 또 주었다. 그런데 다 먹고 난 후 이제 몇 개 남지 않은 알마저 달라고 위협을 하는 것을 숲속에 앉아서 지켜보던 토끼가 얄미운 호랑이로부터 학을 구해주기 위해서 뛰어 나왔다.

"호랑이 아저씨! 제가 더 맛있는 것을 드릴 테니까 쩨쩨하게 조그만 것만 잡숫지 마시고 저를 따라오세요."

호랑이는 더 좋은 것, 더 큰 것을 준다는 말에 귀가 솔깃해서 토끼를 따라갔다. 토끼는 호랑이를 시냇가로 데리고 가서 돌멩이를 여러 개 가져다 놓고 말했다.

"호랑이님, 이것은 떡입니다. 그런데 그냥 드시면 야물어서 못 잡수시니까 구워 드셔야 맛이 있습니다."

토끼는 나무를 주워 불을 지피고는 계속 말했다.

"호랑이님, 떡이 모두 열 개인데 제가 맛있는 설탕을 구해올 때까지 잡숫지 마세요."

토끼가 사라진 사이에 호랑이는 돌을 구우면서 하나, 둘, 셋 세어보니 떡이 열 한 개인 것이었다.

"토끼 요 녀석, 떡이 열 개 라고? 열한 개인 줄도 모르고! 빨리 오기 전에 하나 먹어야지!"

호랑이는 토끼가 볼까 봐 나무 막대기로 떡을 집어서 얼른 입에 넣었다. 토끼가 오기 전에 빨리 먹느라 꿀꺽 삼켰더니 뱃속에 들어간 돌이 뜨거워서 견딜 수가 없었다. 할 수 없이 강물 속으로 뛰어들고 말았다.

토끼해인 신묘년이 밝았다. 토끼는 예로부터 성장과 번창, 풍요 등을 상징하는 토끼는 십이지 중에서 네 번째 동물이라 한다. 경인년의 해는 어렵고 힘든 한 해였지만 신묘년의 해는 경기도 풀리고 토끼처럼 모든 것이 번창하고 풍요로운 세상이 되었으면 하는 마음으로 새해를 맞이하면서 빌어본다.

혼자서는 살 수 없다

옛날에 농사를 짓고 사는 한 여인이 있었다. 이 여인은 자신에게 주어진 일만 할 뿐 좋은 일은 별로 해보지 못하고 살았다. 악마는 이 여인을 잡아서 지옥의 불바다 속에 던져버렸다. 그러나 보호의 천사는 그 여인을 구하기 위해 그녀가 행한 일 중에 좋은 일이 없을까 하고 여러 가지로 생각해보았다. 그랬더니 그 여인이 언젠가 자신의 밭에서 파를 한 대 뽑아서 어떤 거지에게 준 것이 생각이 났다.

천사는 그 일을 주인께 말씀 드렸다. 그러자 주인은 "그러면 저기 있는 파 한 대를 가져다가 그녀를 끌어 당겨서 구출하라!"고 하였다. 천사는 그녀에게 파의 대를 꼭 붙잡고 올라오라고 얘기한 다음 파를 불길 속에 던져주었다.

보호 천사는 조심스럽게 그녀가 매달린 파의 대를 끌어올리기 시작했다. 그런데 그 천사가 파의 대를 끌어당기기 시작한 그 순간, 다른 사람들도 살려달라고 그녀에게 매달렸다. 그 여인은 원래 착한 여인이 아닌지라 다른 사람들이 매달리지 못하게 발길로 차기 시작했다. "이것은 나를 위한 것이지, 너희들을 위한 것이 아니야! 이것은 내 파란 말이야!"라고 여인이 이렇게 외치자마자 파는 그만 끊어져버리고 말았다.

다른 사람이야 어떻든 나만 잘살면 된다는 욕심 때문에 바로 지옥(?)으로 떨어지게 되었다. 세상은 인간과 인간이 같이 더불어 살아가는 것이다. 사람 위에 사람 없고 사람 밑에 사람 없다고 한다.

독불장군(獨不將軍)이란 말이 있다. 한 사회에 있어서 주위에 거느릴 졸병도 있고 따르는 병사도 있어야 장군이 된다. 혼자서는 절대 장군이 될 수 없다. 이러한 의미로 '혼자 고집을 부리는 사람,' '남의 말을 듣지 않고 혼자 모든 일을 처리하는 사람' 을 독불장군이라고 한다.

어느 집단이든 혼자 행동하는 사람이 있다. 그런 사람을 또한 아웃사이더(Outsider)라고도 한다. 그들은 행동에 있어서 일반 사람들과 차별성을 두려고 한다. 또한 집단적으로 행동하는 것을 싫어하며 홀로 행동하는 것을 좋아한다. 자신만의 세계를 개척해 간다. 그 원인은, 개인마다 그 이유가 천차만별인 것 같다. 정신적 문제, 생활태도, 인생관 등 여러 가지로 추론 할 수 있다.

그런 사람들은 자신이 속한 사회와 그 사회를 유지시키고 있는 사회 규범에 대해서도 의문을 제기하고, 그것을 파괴하려고 노력을 하며 그 사회에 결코 속하려 하지 않는다. 그런 과정이 반복 되다 보면 고립된다.

인간은 사회적인 규범 속에서 어울려 살게 되어 있다. 한 사회에 있어서 개인은 그 사회의 구성원으로서 타 구성원들과의 공조와 공존 속에서 자기 발전을 꾀할 수도 있으며, 더 나아가 사회에 이바지하여 사회 발전을 이룩할 수 있다.

세상은 더불어 살아가는 것인 것만큼 절대로, 독불장군과 같이 살아간다면 얼마나 어둡고 쓸쓸하겠는가!

글로벌 시대의 젊은이들

한국에서 조카딸이 왔다. 숙명여대에서 펜실베이니아에 있는 윌슨 대학의 국제교류프로그램으로 정치, 경제에 대해서 공부하기로 했다고 한다.

며칠 집에 있다가 도서관에 내려주고, 잠깐 나갔다 돌아왔더니 도서관에 없었다. 걱정이 되어 어떻게 된 일인가 했더니 저쪽에서 뛰어오는 것이 아닌가! '왜 반대편에서 오느냐' 라고 했더니 베이글(Bagel)도 사고 잠깐 바람도 쐬고 오는 길이라고 한다. 한국에서 금방 온 학생이 혼자 쇼핑도 하고 당당하게 이곳에서 자기가 사고 싶은 음식을 자유로이 사온 것이 기특한 마음이 들면서 예전의 한국 생각이 났다.

예전에는 영어를 중, 고등, 대학 때까지 배우고도 읽고, 쓰기와 문법은 알아도 입은 안 떨어져 말을 못했던 것으로 기억난다.

현대 시대에는 아이들을 많이 낳지 않기 때문에 아이들이 귀여움과 사랑만 받고 자라 어려운 생활도 없이 자라난 애들이 무엇을 할 수 있을까 생각했던 것은 나의 기우(杞憂)였다. 혼자서도 척척 모든 일을 처리했으며, 다른 사람들을 사려(思慮)하는 마음도 있었고, 컴퓨터의 발전으로 인해 세상살이에 대해서도 잘 알고 있었다.

나는 젊은 나이에 어떻게 지냈는가? 캄캄하고 어두운 날들도 있었지만 살아가면서 터득하고 깨달음으로 지금까지 잘 지내고 있음에 감사한 마음이 든다.

학교에서 생활을 잘 하고 있다는 메일까지 왔다. 게티즈버그 격전지도 보았단다. 남북전쟁에 관한 것과 작은 마을인데도 역사적인 것들이 하나하나 잘 보존돼 있고, 박물관에서도 영상을 보여주었는데 남북전쟁이 어떻게 일어났고 경과와 결과 모두 잘 알 수 있는 시간이었다고 한다. 또한 게티즈버그를 보고 나니 한국의 전쟁을 연상시키게 되는 귀중한 시간이었으며, 결과적으로는 남북전쟁도 노예 해방이라는 결과를 가져왔고 한국전쟁은 남북 분단이지만 남한에는 민주주의의 꽃을 피울 수 있게 해준 것이 연상된다고 한다. 이론적으로 배우고 실질적으로 둘러보며 그 시대와 한국의 전쟁을 생각하니 지금 자기가 얼마나 행복한지를 알게 되었다 한다.

"저녁과 과제물도 많지만 재미있어요." 한다. 조카딸을 통하여 한국의 발전과 젊은이들이 미래를 향하여 열심히 살고 있는 한 앞으로도 크게 위상 되는 나라가 될 것이라고 믿고 싶다.

지금도 학교에서 열심히 배우며 많은 견문을 넓히고 한국으로 돌아갈 젊은 학생들이 있어서, 비록 조국에서 살지는 못하지만 미래를 이끌어갈 젊은이들이 있다는 것에 큰 자부심을 가져본다.

21세기 글로벌 시대에 통신 · 교통의 급속한 발전으로 개방적인 세계화 시대에 발맞추어 나갈 젊은이들에게 파이팅 하며 박수를 보내고 싶다.

내 아들과 남의 아들

흔히 불가(佛家)에서 부부의 인연은 팔천 겁(劫)이 되어야 맺어진다고 한다. 석가모니의 '인연정' 에는 "오백 겁의 인연이 있어야 옷깃이 스치고, 일천 겁의 인연은 같은 나라에 태어나게 하고, 삼천 겁이면 하룻밤을 함께 묵게 하고, 오천 겁이면 한 동네에 살게 하며, 칠천 겁이면 한 집에 태어나 살게 한다."고 했다.

한 겁은 세상이 한 번 만들어졌다가 사라진 후 다시 만들어질 때까지 걸리는 시간을 말한다. 즉 몇억 만 년의 시간이다. 부부로 맺어져 가정을 이루어 자녀들을 낳고 그 자녀가 다시 성장하여 가족을 이루는 것은 인생에 있어서 중요한 큰 대업이다. 그렇게 맺어진 부부가 아들을 낳으면 옛날에는 대문 새끼줄에 빨간 고추를 매달아놓고 흐뭇해하던 시절이 있었다. 아들 낳으면 아주 큰 일 한 듯 다리 뻗고 자고, 딸을 낳으면 죄인이 된 듯 딸만 낳은 어머니들은 쉬지도 못하고 일을 하던 '호랑이 담배 피던 시절' 도 있었다. '딸이 대세' 인 요즘 사람들은 도저히 이해할 수 없는 얘기이리라. 이제는 아들, 딸 구별하지 않는 세상이 되었다. 오히려 아들보다 딸을 선호한다.

우스갯소리로 "잘난 아들은 나라의 아들, 똑똑한 아들은 사돈댁 아들, 못난 아들은 내 아들"이라 한다. 그리고 장성한 아들은 내 아들이기 전에 며느리의 남편이란다. 그러나 곰곰이 생각하면 내 인생길의 동반자인 남편 역시 내 아들이 아니라 남의 아들이다. 많은 여성들이 이 점을 잊고 그저 내 아들만 귀하고 남의(?) 아들의 소중함을 모르고 지나갈 때가 많은 것 같다.

이 세상 모든 어머니들이 아들을 낳아 기를 때 온 정성을 다 기울인다. 어린 아들이 커서, 저녁때가 지나 들어와 밥 달라 해도 하루 종일 밖에서 일하느라 녹초가 됐어도 대부분의 어머니들은 힘든 내색 안 하고 열심히 밥상을 차린다. 농부가 논에 물 들어가면 그저 좋아하는 것처럼 자식 입에 먹을 것이 들어가면 어머니 마음은 그렇게 뿌듯할 수가 없기 때문이다. 아들이 먹고 싶다는 말만 하면 손이 많이 가는 어떤 음식이라도 척척 해준다.

얼마 전 아는 지인들과 식사자리에서도 이런 얘기가 나와 웃었다. 남의 아들(?)인 남편이 무엇이 먹고 싶다는 말을 하면 "나 피곤한데 다음에 해줄게."라고 말했는데 어느 날 남편이 "자기 아들만 챙기지 말고 남의 아들도 좀 챙겨 달라."라고 하소연하더라는 얘기였다. 또 어느 집에서는 생선 굽는 냄새가 진동하며 남편은 아내가 자신을 위해 굽는 줄로 알고 좋아했단다. 상 위에 차려진 생선을 보고 너무 좋아 젓가락을 뻗는 순간 아내가 "아들아. 생선 먹어라. 너를 위해 구웠단다."라면서 남의 아들에게는 손도 못 대게 했다는 얘기도 들었다. 그만큼 자식사랑, 내리사랑이 크다는 것을 의미로 해석할 수도 있다.

내 아들은 언제나 사랑하지만 남의 아들은 아닌 것 같다. 왜냐하면 내 아들은 무조건적인 사랑이고 남의 아들은 조건부적 사랑이기 때문이리라.

전주이씨(全州李氏) 어머니

전주이씨(全州李氏) 선성군(宣城君)의 후손인 나의 어머니는 개성분으로서 정결하고 깔끔하셨다. 예의와 법도를 따지셨던 어머니의 성화에 무척 피곤해 하던 때가 있었다. 세월이 흘러 나이를 먹고 보니 어머니의 지론이 마땅한데도 불구하고 어머니가 원하시는 대로 못 해드린 것이 후회가 되고 불효녀였던 것 같아 마음이 송구함을 금치 못한다. 자식 잘 되기만을 학수고대하는 어머니의 심정을 이제는 나도 알 것 같다. 무조건적인 조건부 없는 사랑을 이제야 깨닫는 것은 나도 내 자식한테는 어머니가 하셨던 길을 가고 있기 때문이다.

여자는 문지방을 넘어가면 아니 된다. 걸음걸이는 사뿐사뿐 소리 나지 않게 걸어야 한다. 웃음소리가 커도 아니 된다. 특히 여자는 웃을 때는 입을 가려야 한다고 하셨다. 그 말을 어려서부터 듣고 자라다 보니 오랜 세월이 흘렀어도 웃을 때 입을 가리게 된다. 음식을 먹을 때는 조용하게, 타인을 방해하는 것은 좋지 않은 습관이라 말씀하시곤 했다. 조용히 식사를 해야 하고 특히 입에 음식을 담고 얘기는 절대로 해서는 아니 된다고 하셨다. 몸가짐은 정숙하게, 화장은 너무 진하지 않게(고상하게), 음식 먹고 난 후

설거지는 바로 깨끗이 하여야 한다. 몸은 항상 깨끗하게 단정한 차림으로 등등 헤아릴 수 없는 많은 사항들을 항상 말씀하셨다.

법도와 예의를 중요시하게 여기셨던 까닭에 항상 말씀하시면서 지켜야 한다는…. 자랄 때는 하도 들어서 참 피곤하다는 생각을 하곤 했었다. 그러나 시간이 오랜 지났건만 귀에서 지금도 문득문득 들리는 듯하다. 가끔은 깜짝 놀라서 설거지를 미루다가 빨리 하곤 한다.

내가 어쭙잖은 글을 쓰는 것도 어머니의 영향을 받은 것 같다는 생각이 든다. 나도 어머니가 되어서야 어머니를 이해하게 되었고, 어머니 사랑은 하늘같이 높고 바다같이 넓고 무한한 사랑을 베푸셨다는 것을 이제야 알게 되었는데 어머니가 안 계시기에 죄송한 마음 금할 길이 없다.

음악에서 느끼는 '힐링'의 힘

지난 주말 케네디 센터에서 열린 '수지 김 추모 음악회'에 다녀왔다. 매년 8월 한여름 밤에 열리는 '수지 김 추모 음악회'는 올해로 11년째라 한다. 암으로 투병하다가 30의 꽃다운 나이에 세상을 떠난 딸을 기리며 비비안 김 회장이 시작한 음악회가 어언 11년이라니…. 10년이면 강산도 변한다는 시간인데 음악회를 이끌어 온 어머니의 모성이 대단하다. 음악회를 통해 조성된 기금은 암 퇴치 연구기금과 장학금으로 기부하니 그 숭고함 또한 대단하다.

'어메이징 그레이스' 플루트 연주로 시작된 음악회는 따스함이 넘쳤다. 바이올린과 첼로의 하모니는 아름다움 그 자체였다. 실비아 홍, 마이클 렉터 박사의 피아노 듀오 연주는 환상적이었다. 부부 피아니스트인 젊은 연주자의 열정적인 연주는 전에 보지 못한 훌륭한 하모니였다.

워싱턴 필 하모니 오케스트라의 데이빗 김 지휘자의 지휘도 빼놓을 수 없는 보기 드문 지휘여서 청중들의 감동을 끌어내기에 충분하였다. 메트로폴리탄 합창단의 〈그리운 금강산〉도 마음에 와 닿았고 메릴랜드 기독 합창단의 가곡도 훌륭했다. 따스하고 평화로운 선율들은 마음의 상처를 치유해

주고 사랑을 느끼게 해 주었다. 영혼까지 깨끗하게 해주는 음악은 승화된 '힐링(Healing)' 의 힘을 느끼게 했다.

많은 분들의 수고로 이뤄진 음악회를 통해서 감사함, 또 한인으로서 긍지와 자부심도 느껴 보았던 시간이었다. 미국은 다민족이 어울려 사는 땅에서 한인으로서 큰 음악회를 개최하는 것, 그것도 케네디 센터에서 했다는 것이 가슴 뿌듯하다.

음악은 세계 공용어다. 말은 달라도 음악을 듣는 시간은 시공을 초월해 모두 한마음이 되기 때문이다. 몸과 마음이 힘들 때, 음악이 활력소가 되며 힘들고 어려울 때에도, 즐겁고 행복할 때도 우리의 마음을 가라앉혀 주는 것이 바로 음악이다. 요즘 유행하고 있는 아트 테라피 중 하나인 음악치료도 클래식 등 마음에 안정을 주는 음악을 통해 마음의 병을 치료하고 궁극적으로 신체적인 병도 치료할 수 있다는 데에 바탕을 두고 있다.

케네디 센터 연주회장 객석을 가득 메운 한인들과 미국인이 함께한 1시간 반 동안의 음악회는 모두가 하나가 되는 귀한 시간이었다.

한 어머니의 강인함, 어머니가 먼저 세상을 떠난 딸에 대한 애끓는 모정을 승화시켜 11년째 이어오고 있는 음악회는 이 세상을 밝게 비추고, 암으로 신음하고 있는 사람들과 가족들에게는 용기와 희망을 전하고 있다. 앞으로도 '수지 김 추모 음악회' 가 더욱 아름답고 명망 있는 음악회로 자리매김하길 바란다.

어머니의 처방전

계절의 여왕이라 불리는 5월은 어머니날이 있는 달이다.

생명을 부여 받았고, 엄마와 첫 대면을 시작하며 세상에 나왔다. 아무리 거구의 씩씩한 남자들도 어려서는 엄마의 치맛자락을 붙들고 따라다녔고 엄마로부터 보살핌을 받았다. 어찌 어머니의 힘이 강하지 않을 수 있을까!

세상의 모든 것은 자식에게 다 주어도 아프지 않은 어머니. 낮과 밤 가리지 않고 걱정하며 눈물짓는 것은 여자들만이 하는 어머니의 거룩한 희생이다.

우리가 아프면 병원에 가서 의사의 지시에 따라 약을 복용하며 몸이 낫기를 희망한다. 의사의 처방전은 잘 따른다. 왜냐하면 의사만이 처방전을 내릴 수 있고, 그 처방약을 먹어야만 건강해진다고 생각하기 때문이다. 그러고 난 뒤 몸이 회복되기를 바란다.

어머니의 보살핌으로 자란 자녀는 혼자서 성장했다고 착각할 때가 종종 있다. 어머니의 존재를 무시하고 혼자 자란 착각에 빠지기도 한다.

나의 어머니는 개성 분으로, 돌이켜 생각해보니 처방전을 나에게 참 다양하게 주셨다. 집안은 항상 정결해야 하며 빨래도 조금 모아지기 전에 빨리 하라고 재촉하시곤 했다. 지금에야 생각해보니 의사의 처방전처럼 어머니만이 유일하게 자식에게 내릴 수 있는 처방전인 것이다.

이 불효를 지금에야 깨닫는다. 어머니의 처방전을 항상 받다 보니 어느 날 더 이상 더 버티지 못하고 어머니의 마음을 아프게 해드리고야 말았다.

"어머니. 한국에 큰 오빠 댁에 가세요. 너무 피곤해서 살기가 힘들어요."

이 한 마디에 어머니의 가슴이 얼마나 무너져 내리셨을까! 나도 아들을 기르며 어머니의 마음을 이해하게 되었다. 내가 한 말 그대로다. 나도 아들에게 처방전을 내린다.

"일찍 들어와라.", "나쁜 친구들과 어울리지 마라.", "공부 열심히 해라." 등등 얼마나 처방전이 많은가! 그러면 아들은 나와 똑같은 대답이다. 자기를 피곤하게 하지 말란다. 그러면 나는 또 '아차' 한다.

내가 처방전 받기 싫어했는데 아들도 똑같지(!) 하며 슬그머니 처방전을 다시는 내리지 않기로 마음먹는다. "너와 똑같은 자식 낳아서 길러봐라. 그때 마음을 알 것이다."라고 한 어른들의 말씀이 하나도 틀린 말이 아니라는 것을 깨달은 지금, 후회해도 소용없다.

어머니 달이 있는 5월만 되면 눈시울이 붉어지며 하늘에 계신 어머니가 생각난다. "어버이 살아생전에 효도를 다 하여라."라는 말은 진리의 말이다. 떠나시고 나면 소용없고, 후회한들 소용없다. 지금에야 어머니의 처방전이 그리워진다. 지금도 들리는 어머니의 음성 내 귓가에 맴돈다.

하늘나라에 계신 어머니, 이 불효녀 오늘도 어머니가 생각나 눈물이 납니다. 부디 그곳에서 걱정일랑 하지 마시고 편안하게 계세요. 어머니의 처방전대로 열심히 살아가고 있습니다.

추석의 빨간 원피스

추석은 '가윗날'이라 부른다. 가윗날에는 농사일로 바빴던 일가친척이 서로 만나 하루를 즐기는데, 특히 시집간 딸이 친정어머니와 중간 지점에서 만나 반나절을 함께 회포를 풀고 가져온 음식을 나누어 먹으며 즐기는 것을 중로상봉(中路相逢), 즉 반보기라 한다. 오늘날도 추석은 민족 대이동이라 할 만큼 몇 천만 명이 고향을 찾아 일가친척 만나고 조상의 음덕을 기리는 날이다.

이맘때가 되면 어릴 적의 잊혀지지 않는 일이 생각난다.

나의 어머니는 개성 분으로서 근검절약이 투철하신 분이었다. 오곡백과가 무르익을 때쯤이면 유일하게 옷 한 벌 새것으로 입는 날이다. 어머니는 추울 때도 입으려면 바지와 스웨터를 사야 한다고 하시고, 나는 빨간 원피스의 주름치마를 입겠다고 실랑이를 했던 때가 있었다.

간신히 어찌어찌해서 원피스를 사게 되었는데 정말로 어머니의 말씀대로 추석이 지나고 나면 추워져서 입을 수가 없게 되었던 기억이 난다. 그래도 고집을 피워서 쌀쌀한 날씨에 빨간 원피스를 입고 다니느라 나의 종아리가 얼마나 추웠던지 모른다. 그 종아리가 지탱이 되어 지금까지 삶에 고

마음이 느껴진다.

그때의 일을 기억하면 묘한 기분으로 추석은 설레는 날이 되곤 한다. 옷을 하나 새것으로 입으면 그것으로 만족이었고, 다른 때와 달리 그저 많은 음식을 먹는 것만으로도 즐거웠던 그 시절이 추억이 되어 그리울 때가 있다.

이 먼 이국땅에도 추석은 어김없이 찾아오고 그날만큼은 떡집의 송편이 불티나게 팔린다. 어릴 적 추억의 송편은 솔잎에 묻혀 있던 그윽한 송편 냄새…. 깨가 들어가 고소한 것과 밤을 으깨어서 넣은 것, 참기름을 살짝 바른 송편…. 그 고소한 냄새는 지금도 잊혀지지 않는 고향의 냄새로 기억되고 있다. 옆집의 중국 할아버지도 해마다 가윗날에는 달 모양의 월병(月餠)을 만들어 가지고 오시는데 한국인의 송편처럼 얼마나 맛이 기가 막힌지 모른다.

이때만큼은 둥근 보름달을, 하늘로 고개를 치켜들고 본다. 이내 얼굴도 보름달 같다. 세월에 묻혀 달처럼 돼버린 세월의 흔적을 보면서, 빨간 원피스의 아이는 어느새 흰머리가 나기 시작하는 어른으로(?) 되어 추석의 의미를 되새기며 보면서 미소를 짓고 있었다.

새해 결의

계사년이 지나고 갑오년(甲午年)이 밝아 왔다. 매년 새해가 되면 다짐을 하게 된다.

송년 파티에 가게 되면 미국인들은 내년 새해 결의(Resolution)가 뭐냐고 물어오는 경우도 흔하다. 갑자기 묻는 질문에 '아! 뭐더라?' 라는 생각과 함께 머릿속이 텅 비는 느낌도 든다. 그것은 매년 새해 벽두에 결심은 하지만 며칠 지나고 나면 용두사미(龍頭蛇尾)가 되는 일이 다반사이기 때문이다.

담배 끊기, 다이어트 하기, 술 덜 마시기 등등 외에도 거창하게 계획을 세워 꼭 이루고야 말겠다는 굳은 의지를 보이는 사람들이 얼마나 많은가! 굳은 의지와 함께 시간이 지남에 따라 '작심삼일' 차차 무뎌지더라도 '새해에는 꼭 이루고 말겠다' 는 다짐은 우리 생활에 도약의 밑거름이 된다. 희망 없이는 하루하루가 힘겨운 나날이지만 희망 속에는 활짝 핀 꽃봉오리의 마음이 되어 기쁨과 함께 삶의 의욕이 넘쳐나기 때문이다.

고목에도 꽃이 핀다는 말이 있다. 절망만 있는 줄 알았는데 희망의 꽃이 피었다는 뜻이다. 그렇다. 우리 인생은 마음먹기에 달려 있다. 마음먹기에 따라서 아름다운 꽃이 되기도 하고 추한 꽃이 되기도 한다. 아름다움의 향기가 피어나는 삶만 된다면 좋겠지만 삶이란 그저 평탄하기만 한 것이 아니다. 생각지도 못한 일이 일어나며 뜻하는 바는 이루어지지 않고 엉뚱한 일이 생기기도 한다. 계획을 세운 대로 모든 일이 이루어진다면 더 없이 좋겠지만 언제나 변수에 부딪히게 된다.

'쥐구멍에도 볕 들어온다.' 라는 말이 있듯이 언젠가는 볕이 든다는 염원으로 살아가는 삶이야말로 아름다운 삶이 되듯 새해에는 기쁨이 충만하고 감사한 마음으로 살아가게 되는 해가 되기를 소망한다.

제 04 부

행복의 열쇠

허리케인 '샌디'와 일상의 소중함

다행히 허리케인 '샌디'가 우려했던 것보다는 워싱턴을 잘 스쳐 지나갔다. 허리케인이 강타한 뉴욕 지역은 지금 많은 피해를 당하고 어려움을 겪고 있는 것 같다.

초강력 허리케인 '샌디'는 두 개의 계절성 폭풍과 만나 '하이브리드 스톰'을 형성한 것으로 전문가들은 진단하고 있다. 허리케인 북상 소식에 버지니아, 메릴랜드 등 동부 지역이 비상사태를 선포하고 2일간 연방정부와 학교가 문을 닫았고 크고 작은 행사들도 줄줄이 취소됐다.

지난 월요일 밤에 워싱턴을 강타한 허리케인은 밤에 심한 강풍과 비를 몰고 왔다. 워싱턴 지역에 오래 살았으면서도 이렇게 심한 바람은 처음이라 많이 놀라고 나 자신도 두려움에 떨었다. 창문이 들썩거리고 집이 거의 날아갈 정도로 심한 바람 소리는 공포 그 자체였다. 밤새도록 심한 비바람에 집에 전기가 모두 나가는 정전 상태이다 보니 그야말로 암흑천지였다.

그렇게 잠을 설치며 날이 밝아 아침에 나와 보니 많은 이웃집들의 지붕 루핑이 몇 장씩 날아갔고, 큰 나무들도 뿌리째 뽑혀 엎어져 있었다. 뉴스를 보니 어떤 곳은 피해가 심한 곳도 많고 심지어 사람이 부상당하거나 사망한 경우도 있었으며, 피해 액수는 엄청나다고 한다. 워싱턴 지역의 거리는 자연재해 앞에 두려움을 느낀 사람들이 나오지 않아 썰렁했으며 모든 상점들도 손님이 없거나 전기가 나가 일찍 문을 닫았다고 한다.

자연은 우리에게 더할 수 없이 고마움을 주지만 이렇게 너무 과하면 그것이 오히려 재앙이 되기도 한다. 우리 인생도 모든 것이 적절한 때, 적절히 시기를 잘 맞추면서 살아가면 문제가 없지만 모든 것이 차고 넘치면 모자람만 못하다는 말이 있다.

'샌디'를 겪으며 집 안에 꼼짝 않고 들어앉아 많은 생각들을 하게 되었다. 해와 바람이 적절하게 필요하듯이 우리의 삶도 적당한 상식선에서 모든 일을 해결한다면 문제 될 것이 없으리라.

상식을 뛰어넘는 이상한 행동, 개념 없는 행동, 남은 전혀 배려하지 않는 안하무인의 행동은 다른 사람에게 상처를 주고 피해를 준다. 적당한 비바람은 필요하지만 이렇게 도를 넘어서는 큰 피해를 주지 않으려면 자신의 분수를 알고 나설 때 나서고, 물러설 때 물러설 줄 아는 지혜가 필요한 듯하다. 인간은 대자연의 위력 앞에서 아무 저항도 할 수 없는 나약한 존재다. 우리가 매일 눈에 보이지 않는 공기도 얼마나 감사한가!

이번 '샌디'로 인해 날마다의 숨 쉬는 것에 대한 감사함, 거저 얻는 공기, 물, 적당한 바람과 햇빛 등등 일상의 소소함에 대한 감사함이 새롭다.

벌써 11월이다. 날마다 새로운 날이 되길 바라는 마음이다.

행복의 열쇠

사람은 누구나 행복을 꿈꾸며 살아가고 있다. 모두가 행복을 갈망하지만 행복과 불행은 대비한다.

프랑스의 유명한 희곡 중에 『파랑새』라는 작품이 있다. 한 오누이가 파랑새를 찾으러 다녔으나 어디를 가도 발견할 수가 없었다. 헛수고만 하고 기진맥진하여 집에 돌아와보니 애타게 찾던 파랑새가 창문턱에 앉아 있는 것이었다. 오누이는 너무 기뻐 손을 내밀어 파랑새를 잡으려 했으나 푸른 하늘로 멀리멀리 날아가 버렸다. 이처럼 인간의 행복이란 가까이 있으면서 잡기가 어려운 것이라 할 수 있다.

손에 잡힐 것 같지만 잡히지 않는 것이 행복인 것이다. 개개인의 심도(深度)에 따라서 행복의 도가 다를 것이다. 하찮은 일에도 기쁨의 행복을 누리는가 하면, 큰 성취감에도 행복감을 모르면 불행한 삶이 아닐 수 없다. 불행의 그림자가 드리워지면 어둡고 쓸쓸하며 마음의 평안이 사라지고 고통과 괴로움이 엄습해 온다. 행복의 모습은 밝고 화평한 표정이다. 욕심을 버리고 남을 배려하면 내면에서 기쁨이 오며, 희망에 부풀어 살아간다면 아름답지 않을까!

부자가 다 행복한 것이 아니요, 가난하다고 불행하다고 할 수 없다. 가난 속에서도 웃음의 꽃이 피어나면 행복한 것이다. 우리의 인생은 행복이 있으면 반드시 불행도 있다. 이것이 우리의 삶의 리듬이 아닐까!

행복할 때는 불행을 대비해서 지혜롭게 살아야 하고, 불행할 때는 행복이라는 열쇠를 가져야 할 것이다. 행복의 열쇠는 스스로가 열고 들어가야만 한다. 남이 행복의 열쇠를 대신 가질 수 없다. 모든 문제를 긍정의 눈으로 보며, 따뜻한 마음의 자세로 살아간다면 행복의 열쇠를 누구나가 갖게 되지 않을까 생각에 잠겨본다.

9 · 11 그날을 상기하며

9 · 11이 일어난 지 벌써 10년이 됐다. 애써 마음으로는 잊으려 하고 있지만 잊을 수가 없는 날이다.

당시 나는 고국을 다녀와서 시차 적응 때문인지 몸이 아파서 누워 있던 중에 TV를 켠 순간 내 눈에 비친 것은 연기가 나면서 뉴욕에 있는 쌍둥이 빌딩이 폭파되는 믿기 어려운 장면이었다. 그날 이후로 많은 사람들이 후유증으로 마음속에 고통을 지닌 채 살아가고 있고, 가족을 잃은 많은 사람들은 평생 지울 수 없는 상처가 되고 말았다. 그날은 또한 나의 생일이기도 했다. 그 상처가 너무 심해 그날 이후로 나의 생일상을 차리지 않고 있다.

9 · 11은 극단 무슬림 테러단체 알카에다 소속의 테러리스트들이 자행한 사건으로서 온 세계를 경악하게 했으며, 그 이후 테러와의 전쟁으로 아직도 많은 인명 피해가 발생하고 있다. 긴 전쟁은 아직도 계속 되고 있고 언제 끝날지도 모르는 긴 싸움에 모두가 지쳐만 가고 있다.

그들은 사람을 세뇌시켜 그런 끔찍한 일을 하도록 한다. 세뇌라는 말만 들어도 흉악하면서 비인간적인 살기가 느껴진다. 그렇기에 그들은 자기 목숨을 버리면서 비행기를 공중납치(Hijacking)해 끔찍한 일을 저지를 수 있었던 것이다. 그것이 벌써 10년이 되었다.

10년 전 청명한 가을 하늘을 연기로 불태우고, 땅은 울음바다가 된 그 사건을 상기하면 여전히 가슴이 아프다. 앞으로는 제발 이런 일이 일어나지 않기를 바라며 희생된 많은 분들의 명복을 빈다.

밧줄처럼 튼튼한 습관(習慣)

내가 사랑하는 우리 집 진돗개 이름은 '똑순이' 다. 우리 집에 올 때는 어미젖을 뗀 지 얼마 안 된 하얀색의 강아지였다. 오자마자 목욕을 시키면서 친해진 사이가 벌써 8년째이다. 밖에 나갔다 돌아오면 언제나 꼬리를 살랑살랑, 늦게 들어 와도 밥도 안 먹고 기다리고 있다. 새끼 때부터 누가 훈련을 시키지도 않았지만 한 번도 실수를 한 적이 없다. 말썽 한 번 안 부리는 너무나 사랑스럽고 예쁜 똑순이다.

10월 중순경인가 똑순이와 산책을 가는 중에 털이 온몸에 있는 풀쐐기를 발견하고 코로 냄새를 맡으며 걸음을 멈추었다. 농부들의 말에 의하면 풀쐐기가 돌아다니면 그 해는 춥고 눈이 많이 온다고 했다. 농부들은 반복되는 농사를 지으면서 알게 된 것 같다. 또한 눈이 많이 오면 그 해에는 풍년이 든다고도 한다.

똑순이와 같이 풀쐐기를 보면서 '눈이 많이 오겠구나.' 하며 중얼거렸다. 드디어 중얼거렸던 기억의 날이 왔다.

몇십 년 만에 폭설로 갇혀버린 날, 온통 세상이 하얀 눈으로 덮여 있었다. 나뭇가지에는 얼음이 종종 매달려 트리를 연상케 했다. 살면서 이런 많은 눈은 처음 보았고, 똑순이도 태어나고 처음인지라 놀랬던 것 같다.

드라이브길만 치우면 되겠다 싶었는데, 눈이 조금 올 때는 좋아라 하면서 산책하던 똑순이가 하던 곳이 아니라 그런지 계속 배변을 안 하고 있었다. 할 수 없이 오후 늦게까지도 참고 있었던 똑순이를 억지로 데리고 나가, 눈 위로 끌어 올리고 사투를 벌인 끝에 해결이 되었다. 얼마나 불쌍하고 애가 탔던지…. 눈이 온다는 예보가 있기 전 벌써 슈퍼에는 빵과 우유, 냉동 음식들이 텅텅 비어 있었다. 한국인들은 밥과 김치만 있어도 며칠을 견딜 수 있다는 생각이 들지만 나도 눈만 온다고 하면 습관처럼 음식을 마구 카트에 싣는다.

이번 폭설로 인하여 습관이 얼마나 생활에 영향을 끼치는지 생각해 보았다. 습관(習慣)은 어떤 행위를 오랫동안 되풀이하는 과정에서 저절로 익혀진 행동 방식이다. 똑순이는 반복을 통해서 습관이 강화되었다. 강화는 어떤 행동을 유발한 자극이 되풀이 될 때마다 그 행동 혹은 반응이 반복되도록 조장한다. 그 행동은 반복될수록 더욱 자동적이 된다.

윌리엄 제임스는 그의 저서『심리학 원리(Principles of psychology)』에서 이렇게 말했다. “습관은 보다 힘든 일을 위한 고등 정신 과정을 보호하는 수단으로서는 유용하지만 행동을 점점 틀에 박히게 만드는 단점이 있다.”

습관이란 밧줄과도 같다. 처음에는 실처럼 가늘지만 행동을 반복하면 그것은 밧줄처럼 굵어진다. 밧줄이 굵어지면 풀기 힘들다. 좋지 않은 습관은 너무 튼튼해지기 전에 풀어야겠다. 과거가 좋았다고 생각하는 것은 그때가 정말 좋았다기보다는 현재의 어려움을 크게 느끼는 생각의 습관 탓이라고 한다.

우리는 날마다 습관이라는 밧줄을 튼튼하게 꼬며 살고 있다. 좋은 습관은 인생을 값어치 있게 만들지만 나쁜 습관은 파멸의 길로 갈 수도 있다. 나 자신은 성공의 습관보다 행복 습관을 우선순위에 둘 수 있게 노력해야겠다. 일상의 작은 습관들이 때로는 생산적인 열정을 가로막는 것은 없는지 생각해 본다.

처음엔 사람이 습관을 만들고 나중에는 습관이 사람을 만든다고 한다. 오늘의 자신을 신뢰하고 일상에 만족하는 생각의 습관을 들여야겠다고 다짐해본다. 아울러 미래를 희망하는 만큼 오늘을 사랑하는 것이 중요하며 상대방을 배려하는 습관도 가져야겠다는 생각이 든다.

정직은 토양과도 같다

결혼할 나이가 된 딸을 둔, 신하를 많이 거느린 어느 나라 임금님이 있었다. 임금님은 딸을 누구와 결혼시킬까 생각하던 끝에 신하들 중에서 가장 정직한 신하와 자기 딸을 결혼시키려고 했다.

어느 날, 임금님은 모든 신하들을 불러 모으고, 삶은 씨앗을 나눠주면서 잘 키워서 아름다운 꽃을 피워 오라고 하였다. 신하들은 각자에게 나눠 준 화분에다가 씨앗을 심고 싹이 나오길 기다렸다. 그러나 씨앗에서 싹이 나오지 않는 것은 당연한 것이다.

대부분의 신하들은 삶은 씨앗 대신 다른 씨앗을 심어서 기쁜 마음으로 아름다운 꽃을 가져왔다. 오로지 한 신하만이 아무것도 없는 빈 화분을 가지고 왔다. 빈 화분을 가지고 온 신하는 싹이 나오지 않으니 그동안 얼마나 걱정을 했을까!

임금님은 아름다운 꽃을 담은 화분을 가지고 온 거짓 된 신하들을 크게 꾸중하고, 빈 화분을 가지고 온 신하의 정직함을 높이 칭찬하면서 자기의 딸과 결혼하도록 하였다. 정직한 만큼 좋은 결과가 나타난 것이다.

부정직(不正直)은 아무리 작은 부정이라 할지라도 하면 안 된다. 부정직은 끝없는 자기의 탐욕에서 비롯된다. "욕심이 잉태한즉 죄를 낳고 죄가 장성한즉 사망을 낳느니라."는 성경(聖經)의 구절처럼 인간은 끊임없이 탐욕에 이끌리게 된다. 정직하지 않은 행동은 당장은 드러나지 않지만 언젠가는 밝혀지게 된다.

얼마 전 〈한국일보〉의 뉴스 칼럼에 '공금과 공돈'에 대해 읽은 적이 있다. 남가주 한인 봉사 단체에서 일해 온 어느 여성의 얘기에 의하면 평소 절약이 몸에 배지 않은 사람들은 공금을 쓸 때도 마찬가지로 아낄 생각을 하지 않고 그냥 되는 대로 쓴다고 하면서 속으로 안타깝다고 했다.

공금의 낭비는 '내 돈이 아니다'라는 무의식적 인식에서 비롯된다고 한다. 돈처럼 '이름표'가 중요한 것도 없다. 내 이름 붙은 돈 앞에서는 벌벌 떠는 사람이 남의 돈을 쓸 때는 갑자기 대범해져 낭비를 하게 되고, 낭비가 유용이 되다가 횡령으로까지 번지는 일이 심심찮게 발생한다고 했다. 공금을 공돈처럼 생각한다는 것이다. 공금은 공돈이 아니라는 것이다.

횡령 사건으로 이미지가 크게 손상된 비영리 기구로는 유나이티드 웨이가 꼽힌다고 한다. 1887년에 콜로라도 덴버에서 자선 사업을 위해 발족한 이 단체는 미국에서 가장 큰 자선 단체이다. 전국에 거의 1,300개의 지부가 있고, 1년에 들어오는 기부금만 42억 달러에 달한다고 한다. 기부자들은 믿고 기부를 했는데 거액의 공금 사건이 연이어 터졌다. 남가주뿐만 아니라 이곳 워싱턴에도 공금으로 인해 불미스러운 일이 발생한다는 사실에 접하게 된다.

정직만큼 큰 재산도 없는 것 같다. 우리의 삶에서 정직은 굉장히 중요하다. 정직은 토양과도 같다. 건강한 토양, 즉 정직한 마음을 가질 때 서로가 믿고 신뢰하므로 건전한 사회가 되며, 아름다운 세상이 되지 않을까 기대해본다.

뱀띠 새해의 소망

다사다난했던 임진년 '용의 해'가 지나가고 계사년 '뱀띠 해'의 여명이 밝았다.

뱀은 옛날부터 동양이나 서양이나 여러 의미로 상징되고 있다. 흔히 사람들이 말하길 음흉하게 생긴 사람을 뱀 같은 사람이라고 표현한다. 눈을 가느다랗게 뜨고 있는 사람도 뱀 같은 눈을 가진 사람이라는 표현도 있다.

한국에서 뱀탕 전문이라고 쓰인 간판도 보았던 기억이 난다. 기독교의 성경에서는 아담과 이브를 꾀어내 원죄를 짓게 한 사탄으로 뱀이 묘사되고 있다. 불교에서는 뱀을 꽃나무 밑에 숨어 사람을 미혹하는 유혹과 애욕의 상징으로 그렸다.

그러나 반대로 뱀을 신성시했던 때도 있었다. 고대 농경문화권에서는 뱀을 불사(不死)와 재생(再生)의 상징으로 여겨 신앙의 대상으로 떠받들었다 한다. 우리나라는 뱀을 수호신으로 섬겼고, 다른 아시아 국가는 조상신으로 섬겼다. 또한 이집트에서는 뱀이 왕권을 의미하는 상징물로 추앙되기도 했다.

한편 뱀은 치명적인 독을 품고 있으면서 혀를 날름거리며 혀와 사람을 노려보는 듯한 섬뜩한 눈초리로 보여지기에 사람에게 혐오감을 일으키기도 한다. 그리하여 보통 생각하기를 사악하고 간교한 징그러운 존재로 떠올린다.

이처럼 뱀은 여러 의미로 상징되고 있지만 좋은 의미로 해석, 신년의 희망을 걸어본다. 2013년은 육십갑자의 시간 법에 따라 60년마다 한 번씩 온다는 흑 뱀띠의 해인 계사년이다.

고도원 씨는 "희망이란 아무것도 없는 곳에서도 생겨나는 것이고, 희망은 희망을 갖는 사람에게만 존재하고, 희망이 있다고 믿는 사람에게만 희망이 있고, 희망 같은 것은 없다고 생각하는 사람에게는 실제로도 희망은 없다."고 했다. 그렇다, 긍정적인 마음가짐은 모든 것을 능히 할 수 있는 힘의 원천이다.

새벽의 여명(黎明)을 거쳐 희망찬 새해가 밝았다. 풍요와 번영의 상징인 뱀의 해에 경제가 좋아지기를 기대해본다. 지구상의 재해와, 총기사건으로 무고한 생명이 희생되거나 다치는 일이 다시는 일어나지 않기를 바라는 마음 간절하다.

지난해는 돌아보지 말고 미래를 향하여 꿈을 꾸는 신년이 되길 소망한다. 어두운 곳에는 빛이, 미움이 있는 곳에는 사랑이 도래하는 한 해가 되길 바란다. 그리하여 서로 서로를 이해하고 보듬는 아름다운 세상이 되길 희망한다.

자유는 저절로 얻어지는 게 아니다

"아아! 잊으랴 어찌 우리 이날을 조국을 원수들이 짓밟아 오던 날을 맨주먹 붉은 피로 원수를 막아내어~~"

어렸을 적 특히 6월만 되면 불렀던 노래로 기억된다. 6 · 25 전쟁이란 1950년 6월 25일 평화로웠던 일요일 새벽 4시에 일어난 전쟁이다. 64년 전 6월 25일 소련의 지원을 받은 북한은 38선 전역에서 선전포고도 없이 불법기습 남침하여 같은 동족 간에 총부리를 겨누어 천추에 씻지 못할 일을 저질렀던 날이다.

3년 1개월에 걸친 전쟁은 77만 6000여 명의 인명 피해와 물적 피해를 입었고, 6 · 25 전쟁은 종전(終戰)이 아닌 휴전(休戰) 상태로 현재진행형 상태인 것을 명심해야 한다.

나이가 지긋하신 분들은 잊을 수 없는 악몽의 전쟁이다. 요즘 신세대는 전쟁 때 굶어서 사람이 죽어 갔었다고 말하면 무슨 말인가 의아해 한다. "왜 배가 고프냐?"라고 한다. 음식을 먹으면 되지 않느냐는 생각인 그들에게 학교에서는 전쟁에 관해 제대로 가르치고 있는지 의구심이 든다.

어릴 적 부모님으로부터 자주 들었던 얘기는 피난 중 하도 여러 날을 음식도 못 드시다가 다행히도 팥죽을 팔길래 그것을 드셨는데 그만 탈이 나서 거의 죽음에 이르렀다가 다행히도 살아나셨다는 것이었다. 특히 음식을 남길 때 또 조그만 일에도 인내심이 없이 주저앉을 때 어김없이 말씀하시곤 했다. 피난 때는 음식이 없어서 못 먹고 굶어 죽은 사람이 많았었는데 음식을 남기면 절대로 안 된다는 말씀, 또한 버리면 더더욱 아니 된다는 말씀을 하시곤 했다.

6 · 25 전쟁으로 전쟁고아는 또 얼마나 많이 생겨났으며, 그로 인한 후유증은 한국 경제에 막대한 손실을 불러왔는가. 어릴 적 많은 상이용사들이 팔과 다리에 의족을 끼우고, 생활이 어려워 구걸하러 다녔던 기억이 너무나 생생하다. 미국의 도움으로 더 큰 인명 피해가 없었음을, 천만다행이라 생각한다.

올해로 64년째가 되는 전쟁, 세월이 흘러가면 잊는다지만 잊을 수 없는 큰 전쟁의 상처를 지울 수는 없다. 자유와 평화는 절대로 저절로 지켜지는 것이 아니다. 나라를 위하여 산화한 수많은 호국영령 및 부상당한 참전 용사, 피와 땀과 눈물이 있었기에 이분들에 대한 감사함을 잊지 말고 후세에까지도 기려야 할 것이다.

전쟁 체험 세대는 전쟁의 참상을 체험으로 머무르게 하지 말고 교육을 통하여 후세에 교훈을 주도록 해야 한다. 항상 안보에 힘써야 하며, 유비무환 정신으로 가다듬고, 힘이 약한 나라는 강대국으로부터 당하기에 힘을 키워야 한다.

조국 대한민국에 한없는 발전이 있기를, 다시는 이와 같은 전쟁이 이 지구상에서 사라져 가기를 학수고대한다.

죽음에 이르는 병, 절망

철학자 데카르트는 어느 날 밤, 길 위에 늘어진 커다란 뱀을 보고 혼비백산해 도망을 갔다. 다음 날 아침, 뱀이 있던 자리에 다시 찾아갔더니 밤에 본 것은 뱀이 아니라 썩은 새끼줄이었다. 썩은 새끼줄을 뱀으로 착각해 놀랐던 것이다.

인간의 실패와 비극은 막연하고 불확실한 두려움에서 비롯된다. 위기(危機)란 어려운 혹은 결정적인 시기이며 어떤 일을 하는 과정 속에서의 전환점이라 정의한다. 어떤 사람이 위협에 효과적으로 대처한다면 위협을 당하기 이전의 기능으로 복귀하게 될 것이다. 위기는 두 가지 상징적인 것으로 해석된다. 위기는 위험한 일이지만 그 이면(裏面)에는 기회(機會)가 된다는 뜻도 포함돼 있다.

병원에서 의사들이 위기에 대하여 말할 때는 어떤 병이 호전되거나 악화되는 과정 속의 한 순간만을 이야기한다. 하지만 부부의 위기라고 하면 결혼 생활이 풍요롭고 행복하게 향상되거나 혹은 가정의 불화, 고통 어떤 경우에는 이혼까지 이르는 두 가지 차원의 전환점을 말한다.

위기는 하나 혹은 그 이상의 요인들의 결과이다. 위기는 항상 나쁜 것만이 아니라 개개인의 삶에 있어서 한 획을 긋는 전기를 마련해 주는 것으로써 위험과 동시에 기회를 제공하기도 한다. 사람이 어려운 일에 직면하면 나약한 상태에 직면한다. 심신을 지치게 하고 생각을 머물게 한다. 이것은 '낙타의 등을 손상시키는 것은 결국 지푸라기라는 것' 이다. 살다 위기의 상황에 맞닥뜨리게 되면 고통의 증상이 나타나며, 경악 또는 패배의 태도를 보인다. 이와 함께 비생산적인 행위에 의해 산만하게 되며, 안절부절못하며 음주, 마약 복용, 과속 운전, 폭행 등에 쉽게 노출된다. 위기에 잘 대응하지 못하면 그 속에 휘말려 인생을 망쳐버리는 것이다.

찰스 스윈돌(Charles R. Swindoll)은 인생의 위기에 대해 항상 현실적이고 희망적으로 말했다. 위기는 한 사람의 마음을 산산조각 나게 한다. 산산이 부서지는 동안에 그 위기는 정화되고 순화된다. 그 산산조각이 완전한 투항이 되지 않았기 때문에 낙담하게 되는 것이다. 위기를 극복한 사람은 한결 보람 있는 인생을 생각하게 된다.

사람을 무너지게 하는 것은 '절망' 이다. 절망을 이겨내자. 긍정적으로 생각하자. 행복은 내 마음속, 나의 내면에 있다. '나는 할 수 있다' 는 자신감을 갖자. 밤이 지나면 새벽 아침이 오고, 컴컴한 터널을 지나면 환한 바깥이 나온다. 먹구름 속 비가 그치면 햇살이 나온다. 자고 나면 내일의 태양이 떠오르고, 절망 속에서도 꽃은 핀다고 하지 않았던가!

불경기의 장기화로 모두 힘들고 어려운 시기를 보내고 있다. 사람들의 마음은 각박해지고 신경은 곤두서서 미주 한인사회 여기저기에 어두운 뉴스들이 넘친다.

우리 모두 힘들지만 희망과 용기를 잃지 말고 절망을 이기며 밝은 미래를 기다리자.

아무리 힘들어도 자살은 이제 그만

왕년에 은막을 누볐던 영화배우 김추련 씨가 자살로 생을 마감했다는 소식에 며칠간 마음이 심란하다. 그와 우리 집은 꽤 깊은 인연이 있었다. 타임머신을 타고 몇십 년 전으로 돌아간다.

그 당시 우리 집은 사업 실패로 잠시 잠깐 돈암동 꼭대기에 살았었다. 가까이 살던 그가 어느 날 우리 집에 방문해서 대야에 물을 떠서 발을 씻으며 "서울에 이렇게 공기 좋고 파란 하늘을 가득 들여놓고 사는 곳도 있네." 하던 모습이 생각난다. 얼마 후 우리가 다시 좋은 집으로 옮긴 후에도 그는 꽤 자주 우리 집을 들락거렸었다. 주로 바바리 깃을 올리고 단추는 열어두고 언제나 우수에 찬 눈으로 걸었던 그의 모습이 눈에 선하다. 말도 별로 하지 않는 과묵한 성격이었다.

그는 우리 집에 와서 식사도 곧잘 하곤 했다. 돼지고기, 두부가 들어간 김치찌개를 땀을 뻘뻘 흘리며 같이 식사를 하면서 맛있다고, 음식 만드는 나의 큰 올케에게 칭찬을 아끼지 않았다. 찌개 하나로 밥 한 그릇을 뚝딱 비우고 맛있다는 인사를 하곤 했다. 영화 〈겨울 여자〉 대본을 항상 가지고 다니며 열심히 연습하고, 그 나름대로의 노력을 했던 것으로 기억난다. 그런 그가 왜 자살로 생을 마감했는지 마음이 너무나 아프다.

인생을 살다 보면 원하지 않았던 일도 일어나고, 큰 암벽을 만나 더 이상 나갈 수 없을 때도 있다. 그때마다 잘 헤쳐나간다면 좋겠지만 인생이 뜻대로만 되지는 않는다. 돌부리에 걸려 넘어지면 다시 일어나 재기하는 칠전팔기(七顚八起)란 말도 있지 않은가! 일곱 번 넘어져도 여덟 번째는 일어선다는 말이다.

우리 속담에 '쥐구멍에도 볕 들 날 있다.' 는 말도 있다. 넘어져도 재기할 수 있다는 희망을 가지고 살았으면 하는 아쉬움이 남는다. 그는 너무나 외롭고 생활고에 지쳐 있었다고 한다. 외롭고 쓸쓸할 때 곁에 누가 있었더라면, 아니 그와의 마음을 공유하는 사람이 있었더라면 자살이라는 극단적인 선택을 하지 않았을지도 모른다.

배우들의 화려함 뒤에 있는 지치고 힘든 생활을 일반인들은 모를 수도 있다. 마네킹의 앞모습은 화려하지만 뒤에는 무수한 시침이 꽂혀 있다는 사실을 사람들은 모른다. 사람들은 겉모습만 본다. 그는 가수로도 변신하려고 했지만 뜻대로 되지 않았고, 또한 자존심 때문에 무척 많이 힘들어 했을지 모른다. 그런 생활이 반복되다 보면 멀쩡한 사람도 우울증에 걸릴 수 있다.

우리 모두 스스로가 바쁘게 살다 보니 누군가가 곁에서 외롭고 쓸쓸한 생활을 한다는 것을 모르고 지나간다. 누군가가 좀 더 일찍 알았더라면 그의 죽음을 막을 수 있지 않았을까 하는 아쉬움이 남는다. 요즘같이 바쁜 현대인들은 옆집에 누가 사는지도 모른다. 그 옛날 대문을 활짝 열어놓고 이웃들과 정담을 나무고 음식을 나누어 먹으며 남의 일에 발 벗고 나서서 도와주는 어르신들이 많았던 시절의 인정이 아쉽기만 하다. 갈수록 척박해지는 세상에, 그래도 아직은 따뜻한 심성을 가진 사람들이 많기를 바라는 마음이다. 세상살이가 고달프다고 목숨을 끊는 사람이 더 이상은 없기를 기대하며 고인의 명복을 빈다.

용의 해를 맞이하면서

어느덧 다사다난했던 신묘년(辛卯年)이 가고 임진년(壬辰年) 용의 해를 맞이하였다.

새해가 밝아오면 희망을 품어도 보고 결심도 해본다. 다이어트, 담배 끊기, 운동 더하기 등등 계획을 세워 시도해본다. 작심삼일이란 말도 있듯이 거창하게 꿈도 꾸지만 실천을 행하기란 쉽지 않다. 말은 쉬우나 행동하기는 어렵다.

용은, 몸통은 뱀과 같고 비늘이 있으며 네 개의 발이 있어서 날카로운 발톱을 가졌으며, 머리는 사슴과 같이 뿔이 있고, 등은 81개의 비늘이 있어서 사람이 이것에 닿으면 죽게 되고, 토끼 같은 눈, 소의 귀, 뱀의 목, 범의 발바닥, 매의 발톱 큰 조개 같은 모습의 배를 가졌다고 한다.

수많은 고사성어가 생겨난 우리 겨레와 가장 친숙한 동물이 용이라 한다. 용은 전통적으로 고귀하고 신비로운 존재로 비유하고, 특히 왕을 용에 비유하게 된다. 그 이유는 용에게는 인간과 국가를 보호하고 물을 다스리는 능력이 있다고 믿었기 때문이다.

"누구든지 나라의 법을 어기면 두 눈을 빼서 장님이 되게 하리라."

법을 어기는 사람들이 많아지자 임금은 이처럼 무서운 법을 정했다. 사람들은

"너무 잔인한 법이잖아!"

"하지만 그런 무서운 법이 아니고는 사람들이 나라의 법을 지키지 않으니 할 수 없는 일이야."

사람들은 궁금해지기 시작했다.

"정말 법을 어기면 눈을 빼는 벌을 내릴까?"

"물론이지. 임금님이 정하신 법인데!"

그러던 어느 날, 불행하게도 단 하나뿐인 왕자가 법을 어기게 되었다. 임금은 왕자에게 벌을 주려고 했다. 이 소식을 들은 백성들이 몰려와서

"임금님! 왕자님은 장차 이 나라의 왕이 되실 분입니다. 그러하오니 왕자님의 죄를 용서하십시오."

"왕자님이 장님이 되면 앞으로 이 나라는 어찌하옵니까?"

"아니다! 나라의 법은 왕자나 거지나 모두에게 공평한 것이다. 왕자라고 해서 죄를 용서한다면 누가 법을 믿겠느냐!"

임금은 우선 왕자의 한쪽 눈을 뽑게 했다. 사랑하는 왕자가 한 눈이 뽑혀서 피를 흘리며 쓰러지는 모습을 바라보는 임금님의 마음은 칼로 도려내듯이 아팠다.

"이번에는 나머지 한쪽 눈마저 뽑을 차례다."

그러자 신하와 백성들이 모두 임금님의 발아래에 꿇어 엎드렸다.

"나라의 정해진 법은 누구나 그대로 지켜야 한다. 왕자는 아직 한쪽 눈밖에 뽑지 않았다. 법대로 다른 한쪽 눈도 뽑아야 한다. 그러나 그대들의 말대로 왕자가 눈을 다 뽑으면 장님이 될 테니 대신 나의 눈을 뽑도록 하거라."

그 누구도 임금의 명을 거역할 수 없었다. 그 후부터 이 나라에는 죄를 짓거나 법을 어기는 사람이 없었다고 한다.

한비자(韓非子)는 군주를 설득하는 과정의 어려움을 다룬 '세난(說難)' 편에서 상대의 치부를 건드리면 결코 그를 설득할 수 없음을 역린지화(逆鱗之禍)로 경고했다.

"용이란 원래 순한 동물인데 잘 길들이면 사람이 타고 다닐 수도 있지만 목 근처의 길이가 한 자나 되는 거꾸로 난 비늘, 역린을 건드리면 절대로 안 된다. 용은 이것을 건드리는 자를 반드시 죽여 버린다. 군주에게도 이런 역린이 있으니 절대로 이 역린을 건드려서는 안 된다."라고 했다.

군주만 이 역린을 갖고 있는 것이 아니라 사람이라면 누구나 역린을 가지고 있다. 함부로 사람의 역린을 건드리면 안 될 것이다.

용의 해를 맞이하여 정화된 사회를 기대해보며, 질서를 지키며 남을 생각하는 마음이 되었으면 한다.

'노인'과 '어른'

우리가 흔히 하는 말 중에 '인격'이란 말을 자주 사용한다. '저 사람 인격이 되었어.' 또는 '인격이 형편없어.'라고 한다. 인격(人格)이란 개인의 지적, 정적, 의지적 특징들을 포괄하는 정신적 특성을 나타내는 말이다.

흔히 '성격' 혹은 '개성(Personality)'과 같은 뜻으로도 사용되기도 하나 성격은 천성적 특징과 우연적으로 형성된 특징까지를 포함한 말임에 비하여 인격은 개체의 노력 혹은 수양에 있어서 형성된 특징에 한하여 사용하는 말로 이해되고 있다. 그러므로 성격은 도덕적 평가의 대상이 되지는 않으나 인격은 도덕적으로 평가를 받아 칭찬이나 비난에서 언급되곤 한다. 인격이 훌륭한 사람을 만나면 그로 인하여 주위가 훈훈해지지만, 그 반대 경우는 불협화음을 유발시킨다.

사람들은 크게 세 가지로 나눌 수 있다고 한다. 첫째는 남의 말을 하는 사람들. 그래서 루머를 만들어내고 험담과 잡담을 하는 하류층의 사람들이다. 둘째는 시사를 말하고 정치와 예술을 말하는 중류층의 사람들, 셋째는 진리를 말하고 사랑을 말하는 상류층의 사람들이다. 그러므로 말하는 것으로 그 사람의 됨됨이를 알 수 있는 것이다.

거짓말을 밥 먹듯이 하는 사람들의 인격을 의심하게 된다. 성경에도 거짓말이 얼마나 무서운지 나타나 있다. 이세벨이 나봇의 포도원을 뺏었을 때 두 거짓 증인을 세웠던 사건을 보면 알 수 있다. 이세벨은 두 증인에게 나봇이 하나님과 왕을 저주했다고 거짓말을 하도록 시켜 나봇을 죽게 했고, 그의 포도원을 빼앗았다. 거짓말은 인간관계를 깨뜨리기에 옛날 로마에서는 거짓말하는 자를 낭떠러지에서 떨어뜨려 죽였고, 애굽에서는 코와 귀를 없앴다고도 한다.

인격은 자유로운 것이며 책임적인 것이다. 로크(J. Locke)는 인격에 대하여 이렇게 정의를 내렸다. "인격이란 어떤 사람이 자신의 욕구를 억제하고, 자신의 기분으로 거역하며, 오로지 이성이 최선의 것이라고 명령하는 바에 따르는 것이다."라고. 이러한 의미에서 본다면 인격의 형성, 즉 정신의 도야(Mental discipline)는 어느 사회를 막론하고 중요하지 않을 수 없다.

사람은 나이가 듦에 따라 '노인'과 '어른'으로 구분된다. 말 그대로 노인은 그저 나이만 먹어가는 것이고, 어른은 덕을 쌓고 넓은 마음으로 포용하여 어른으로 변모해 가는 것이다. 어른을 만나게 되면 존경하는 마음이 되고 좋은 인격을 닮아가는 아름다운 사회를 형성하게 한다.

교회에서 말하는 '그리스도를 닮아 간다'는 말과도 통한다. 그리스도를 닮는다는 것은 곧 그리스도와 같이 된다는 것을 뜻한다. 날마다 겉모습은 늙어가나 속마음은 그리스도의 형상대로 닮아 갔으면 하는 바람이다.

익자삼우(益者三友), 손자삼우(損者三友)

두 친구가 산으로 사냥을 갔다. 그런데 커다랗고 험상궂은 곰이 별안간 나타났다. 이때 나무를 잘 타는 한 친구는 앞에 있는 커다란 나무에 올라가 버렸다. 그러나 남은 한 친구는 나무를 올라갈 재주가 없었던지라 그는 혼자서 그 큰 곰과 싸울 수밖에 없었다.

짧은 순간에 생각해 낸 것이 죽은 사람같이 보이려고 땅에 엎드려 숨을 쉬지 않고 있었다. 이때 곰이 달려들어 냄새를 슬쩍 맡고는 죽은 사람으로 알고 잡아먹지 않고 그냥 지나가 버렸다. 나무 위에 올라갔던 친구가 내려와서 그 친구에게 물었다.

"곰이 네 귀에 대고 무엇이라고 하고 갔니?"

죽을 뻔했던 친구는 이렇게 말했다.

"너같이 나쁜 친구는 사귀지도 말고, 같이 다니지도 말래."

그리고는 혼자서 가던 길을 가기 시작했다.

깨끗한 옷을 입고 연탄 공장 옆에서 놀면 그 옷은 더러워지게 마련이다. 논어 중에 이로운 세 친구, 해로운 세 친구가 있다. 익자삼우(益者三友), 손자삼우(損者三友)라 하였으니 유익한 벗 셋이 있고, 해로운 벗이 셋 있다고 한다.

익자삼우(益者三友)란 우직, 우량, 우다문이며, 유익한 벗 셋이란 정직한 벗 ,성실한 벗, 박학다식한 벗으로 정직하고 곧은 사람을 벗하여 그 허물을 듣고 미더운 사람을 벗해 성실히 나아가며 학식이 높은 사람을 벗하면 밝음으로 나아가는 것을 이로운 친구 셋이라 한다.

손자삼우(損者三友)란 우편벽, 우선유, 우편녕이다. 해로운 벗 셋이란 아첨하는 벗, 굽실거리는 벗, 말재주가 능한 벗으로 위엄이 없고 곧지 않으며 치우친 사상을 가진 벗과 아첨하여 굽실대며 순한 척하나 성실하지 아니한 벗과 말재주가 좋아 둘러대기만 잘하고 듣고 봄에 실상이 없는 벗을 해로운 친구 셋이라 한다.

또 유익한 즐거움이 셋, 해로운 즐거움이 셋 있으니 예로써 조절하는 일을 좋아하고 남의 착함을 말하는 것을 좋아하고 어진 벗이 많음을 좋아하면 유익한 즐거움이 된다고 한다. 교만을 자랑하기 좋아하고 안일하게 노니는 것을 좋아하며 주색의 향연을 좋아하면 그것이 해로운 즐거움이다.

'친구 따라 강남 간다.' 라는 말이 있다. 친구가 그만큼 좋다는 것이다. 이기적인 삶만을 추구하면 누군가에게 원한을 사게 마련이다. 잘나갈 때야 이기적으로 살든 이타적으로 살든 상관없다. 하지만 인생이 언제나 화창한 것만은 아니다. 순조롭던 인생에 갑자기 먹구름이 끼어 헤맬 수도 있고 암초에 걸려 앞으로 나아가지 못할 수도 있다. 이럴 때 이기적으로 인생을 산 사람은 어느 누구에게도 도움의 손길을 받지 못한 채 궁지에 몰리게 되고 그때서야 비로소 자신이 살아온 방식이 문제가 있었다는 것을 깨닫게 된다.

친구란 당신이 그리움 속을 헤맬 때에 문득 그리워지는 얼굴이며, 친구란 받을 것을 기대하지 않으며 자기의 모든 것을 주려 하는 사람의 존재라고 생각한다. 진정한 친구는 나를 보다 높은 수준으로 끌어 올려주는 사람이다. 좋은 친구를 사귈 때 인생이 더 행복해지지 않을까.

동가식서가숙

옛날 제(齊)나라에 시집가야 할 나이의 한 예쁜 처녀가 있었다. 어느 날 그 처녀 집에 두 곳에서 청혼이 들어왔다. 동쪽 집의 신랑감은 인물은 특출하지 못했으나 대단한 부자였고, 서쪽 집은 매우 가난했지만 신랑감은 보기 드문 미남이었다. 난처하게 된 부모는 당사자의 마음이 중요하다며 딸에게 물었다.

"만일 동쪽 집의 총각에게 시집가고 싶으면 왼쪽 소매를 걷고, 서쪽 집 총각에게 가고 싶으면 오른쪽 소매를 걷어라."

한참을 망설이던 처녀는 양쪽 소매를 다 걷어 올렸다. 부모가 까닭을 묻자 딸은 "낮에는 동쪽 집에 가서 좋은 음식을 먹고 싶고, 밤에는 서쪽 집에서 자고 싶어요."라고 말했다.

자기의 잇속을 차리기 위해 절개 없이 이리저리 빌붙음을 가리키는 동가식서가숙(東家食西家宿)을 의미한다. 오늘날은 일정한 거처 없이 떠돌아다님을 일컫는 말로도 쓰인다.

흔히 줏대 없이 이편저편 넘나드는 것을 보고 박쥐 같은 사람이라고 지칭한다. 박쥐는 본능대로 사는 것뿐인데 들짐승 편에 붙기도 하고, 날짐승

편이 되었다가 하는 나쁜 동물로 만들어버렸다. 이와는 달리 『이솝 우화』에서 박쥐는, 싫어하는 족제비와 새를 잡아먹는 족제비에게 잡혔을 때, 자신의 상황에 맞는 표현으로 목숨을 구한 지혜로운 동물로 묘사됐다. 어찌 되었든 박쥐는 지혜롭고 현명하기도 하며 간악하고 이중성을 가진 동물이라고 표현한 것이리라. 박쥐 같은 사람이 많은 사회는 불신이 조장되며 흔들리는 사회가 되고 만다.

인간은 수많은 관계의 흐름 속에 살고 있다. 좋은 사람만이 존재하는 것이 아니라 악인도 같이 동행한다. 인생을 살다 보면 돌부리에 걸려 넘어질 수도 있다. 넘어져 있는 사람을 일으켜 세우는 사람도 있지만 발로 밟고 지나가는 사람도 존재한다. 넘어진 사람 도와주지는 못할망정 왜 발로 밟는가! 오만의 자리에 앉아 본인은 넘어질 리 없다고 교만에 빠져 있기 때문이다.

교만은 악의 근원이다. 강해 보이는 사람에게 붙었다가 더 이상 이용 가치가 없으면 신의를 헌신짝처럼 걷어차고, 이편저편 넘나드는 사람은 이간질에도 능하다. 사람들은 가식을 싫어한다고 말하면서도 정작 자신 앞에서 살랑거리며 비위를 맞추고 아부하는 사람을 싫어하지 않는다. 사람의 본성은 누구나 좋은 말을 듣고 싶어하고, 칭찬을 듣고 싶어하기 때문이다. 비난은 사랑 없이 공격하고, 자신의 잘남을 드러내기 위한 것이고, 권면은 상대방을 사랑하는 마음으로 보는 것이다.

서로 사랑하고 보듬어 주기만 해도 시간이 모자란다. 인생을 김장에 비유해본다. 여성들이 해마다 하는 김장을 30번에서 길어야 40번 하면 어느덧 인생의 황혼녘이 된다. 모두에게 공평히 주어진 시간에 얼굴 붉히고 헐뜯으며 상처 입히고 그렇게 살기엔 인생이 너무 짧지 않을까! 곧은 이성과 너그러운 감성, 뜨거운 심장으로 남은 인생 2막을 따뜻하게 살았으면 하는 바람이다.

질풍의 사춘기

이민 온 사람들의 공통점은 좀 더 나은 생활과 기회인 나라에서 꿈을 실현하고, 자녀들의 교육 때문에 미국이란 나라로 왔다는 점이다.

누구나 큰 포부로 희망을 가지고 이곳에 정착해 살아가는 과정은 말처럼 쉽지가 않다. 뜻대로 되지 않는 일, 언어의 문제로 벙어리 냉가슴 앓듯 살아가는 사람들, 자녀와의 대화의 끈도 서서히 식어가는, 그러나 날마다 일터에서 힘들게 일하고 돌아오면 몸은 녹초가 되어 자녀들을 신경 쓸 여유조차 찾아보기 힘들다. 자녀들은 나름대로 문화의 이질감과 스트레스로 또 얼마나 힘들겠는가!

생각만큼 자녀들을 키우는 것이 쉽지가 않다. 어떤 사람은 오로지 자식 교육 때문에 왔건만, 이곳의 현실은 힘들기만 한 것이 사실이다. 어떤 사람들은 자식이 훌륭히 잘 성장하여 이민 온 보람이 있는 반면에 한쪽에선 안타까운 일이 생긴 사람들도 수도 없이 많다.

콩나물은 흙을 밟아 보지도 못하고 시루 속에서 물만 주면 밑으로 흘러버리지만, 며칠이 되면 자라서 우리의 식탁에 오르게 된다. 콩나물처럼 자라는 것이 눈에 보이지 않지만 어느 날 훌쩍 자라버린 자녀들과의 문제로 상심에 빠지는 일이 허다하다.

사춘기는 질풍의 노도와도 같다고 한다. 이때는 인간의 과정에서 어린아이에서 어른으로 변해가는 중간 과정이다. 그들은 어른으로 변해가는 과정에서 격렬한 변화를 경험하게 된다. 급격한 변화를 체험하면서 불연속적인 면이 존재한다. 그들은 다시 말해서 '착각' 속에서 살아간다고 말할 수 있다. 왜냐하면 생각하는 것에 비하여 자기의 능력이나 실제적인 여건이 따라주지 않기 때문이다. 의존적인 상태에서 독립하려고 하는 단계에 있다고 할 수 있다.

감정도 지나치게 극단적이다. 툿츠 대학의 앨킨드 교수는 청소년의 정서에 대하여 청소년기는 서투름증이고 또한 가상적 관객이라고 했다. 또한 유혹의 손길도 도처에 사려 있다. 또래 집단들과의 생활을 더 중요시하여 부모님과 대화를 기피한 일이 생긴다.

가정은 사랑과 이해로 따뜻이 보살펴야 할 것이다. 호기심이 많은 이때는 마약과 술에 빠지기도 쉽다. 대마초(마리화나)는 가격도 싼 편이라 손쉽게 구할 수 있다고 한다.

이런 모습들은 주의를 요하는 경우이다. 밤늦게까지 빈둥대다 아침에 늦게까지 잠잔다. 학교에 제 시간에 가기 힘들다. 갑자기 성적이 떨어진다. 새로운 친구들이 생긴다. 눈동자가 충혈된다(안약 사용). 즐기던 일을 갑자기 끊어버리고 부모에게 사사건건 따지며 반발한다. 밤늦게까지 돌아다닌다. 두통을 자주 호소한다(처음 시작할 때 몸에 맞지 않아 두통이 올 수도 있다). 휴대폰 사용이 갑자기 많아진다. 겁이 많던 것이 겁이 없게 된다.

'우리 집 자녀는 아니겠지.' 하는 안이한 생각은 금물이다. 누구나 위험해질 수 있다는 것을 항상 기억해야 한다.

제05부 삶의 여정_詩

구세군 자선냄비

일 년 열두 달 중
12월 세상에 나와
빛을 보는 둥그런 통
고마운 분의 손에 이끌려
훈훈한 정열의 색깔로
피어난다
나를 피해 가는 사람들
피하지 말아 주세요
나로 말미암아
세모에 따뜻하게 지내는 사람들
있잖아요
땡그랑 종소리
울리며 내 입이 함박 웃어요
호호 불며 지나가는
작은 손에서도
꼭 쥔 손 펴면
더없이 행복한 순간…
나는 12월에 사랑을 품습니다

식혜

고슬고슬 쌀밥과 엿기름이 어우러졌다
몇 시간 서로 통 안에 들어앉아
사이좋게 도란도란 얘기한다
얼마나 흘렀을까
흰 눈이 위로 고개를 내밀어
다시 뜨겁게 불을 더한다
드디어 식혜라는 이름으로 거듭났다
가슴 시원하게 열어 주는 한가위 식혜

아이스께끼

네모난 나무박스 어깨에 짊어지고
소리친다
아이~스 께끼~

천진난만한 아이들 군침 돈다
입에 풀칠하기도 힘든데 사달라고 칭얼댄다
더운 여름 나무 속에 숨어 있는
얼음과자 아이스~께끼

한입 베어 물면 사르르
뻥 뚫린 가슴 시원해진다
추억 속으로 달려가는 멋진 이름
아이스~께끼~~~~~

추풍낙엽(秋風落葉)

여름내 그늘 되었던
푸른 잎들은 추풍낙엽 되어 떨어진다
언제는 시원한 그늘 되어 좋다 하더니
으스스 아픈 신음 내며
땅 위에 하나, 둘 낙하하며
앙상한 가지만 흔들어댄다
아름다움은 홀연히 사라져
간 곳 없고
삘쭘한 나무는 홀로 긴 겨울을…
이내 가슴 울린다
가슴이 시려온다
추풍낙엽 되는 것 같다

삶의 여정

바닷가 수평선처럼
가도 가도 끝없는 삶의 여정
아지랑이 피어오르듯
굴곡의 연속이다

혼자라는 고독 속에
때때로 찾아드는 절망의 늪
희망으로 점철하며

환희와 기쁨으로
세속의 찌든 때도
열망으로 불태우고

삶의 길을 간다
어차피 가야 할 길
추함은 멀리하고
아름다운 삶을 꽃피우고 싶다

톡톡 튀는 문체 쏟아내며, 옴니버스 산문(散文)의 진수 선보여

— 김민정 수필집 『내가 서 있는 자리』의 문학세계

정유지(시인, 문학평론가)

1. 독특한 소금 철학을 빚어내며, 세상을 반추해내는 끌림의 소금 광맥 탄생

김민정 수필가는 2011년 종합문예지 월간 『창조문예』를 통해 등단한 검증된 작가이다.

김민정 수필가의 산문 세계는 크게 두 가지 경향을 보이고 있다.

첫째, 거대한 태평양의 일부가 되어 끈적끈적하고 부드러운 언어로 출발하지만 결국 웅장한 심상의 염전(鹽田) 속에서, 녹는 다이아몬드로 불리는 천연 미네랄 소금의 빛깔을 빚어내고 있었다. 그녀는 소금의 여신이 되어 일상에서 불어오는 돌 바람과 몸 부비며 하얀 이미지의 소금호수를 완성시키고 있는 가운데, 붉은 태양에도 절대 굴하지 않고 오히려 묵묵하게 정염(情炎)의 언어를 숙성시키고 있었다. 아울러 이역만리 타향살이 중 점철되었던 절대 고독을 고스란히 정제시켜 활어(活語)의 소금 광산을 탄생시키고 있었다. 고국이 아닌 타국에서 벌어지는 어려웠던 삶 속에서 촉발된 인간의 한계 상황을 극복해내며 승화시킨 선각(先覺)의 맑고 고요한 세계가 활어의 광맥을 지탱하고 있었다. 더불어 작품 전체를 관통하고 있는 감동의 캐릭터(Character)는 시대의 거울로 비유되는 작가의 존재감을 부각시키는 출구로 작용하고 있었다.

둘째, 평범한 소재를 현미경으로 관찰하듯 의미 있는 이야기로 승화시키는 문학적 착상 능력이 굉장히 탁월하다고 평가할 수 있었다. 이에, 김민정 브랜

드로 통하는 팔색조의 현미경을 통해 업로드시킨 문학적 감성과 무관하지 않다. 김민정 수필가는 명징하고 선명한 이미지로 현실을 조응(調應)해내고 직시하면서 강한 어조로 시대를 바라보고 있었다. 가령 하와이라는 섬에서 단순하게 백사장뿐만이 아닌, 태평양 전체를 고루 응시하면서 큰 틀로 바라보는 통섭의 안목을 견지한 채, 영혼의 시선을 발화시키고 있었다. 이러한 일련의 모습은 시대정신을 구현하는 작가로서 소명의식의 연장선으로 바라볼 수 있을 것이다. 내 안에 잠든 또 다른 나를 깨우려면, 내 안에 잠재되어 있는 심상의 바다를 깨우며 거칠게 몰아치는 폭풍우가 필요하다. 무한 상상에너지를 박동시킬 영혼의 눈빛이 필요하다. 김민정 수필가는 이국에서 겪어야 했던 고난과 고통의 순간을 극복해내는 힐링 자생 능력을 가지고 있었다. 마치 바닷속에서 그 비율이 3%에 불과한 소금이 바다를 정화시키듯, 그 체험적 산물을 통해 누구나 공감하고 공유할 수 있는 감성치유 세계관을 담보하고 있었다.

수필가는 세상이 상하거나 썩지 않게 하기 위해 끝없는 변화, 변신을 통해 세상의 중심에서 깊은 철학적 사유(思惟)를 거듭하게 된다. 그 사유는 미학적 자기완성을 향해 가는 창조의 소산이다. 바로 소금과 같은 존재로 거듭 태어나는 삶이 수필가의 운명이다.

"파도 소리가 머문 자리에 소금의 흔적이 남는다. 또한 물에 녹아 있을 때는 없는 것 같지만, 물이 사라지면 결정체로 남는 것이 소금이다."

소금은 흔적이다. 삶의 가치를 하얗게 남게 해주는 힘이다. 물이 평화롭고 맑은 상태에서는 소금이란 존재가 드러나지 않고, 오히려 세상 속에 몸을 숨기고 은둔하며 음풍농월(吟風弄月)의 삶을 지향하지만 물이 증발되는 상황이 오면 세상을 담아내던 생각의 그릇이 사라지고 형체를 그려내며 길을 열었던 삶 역시 그 역할을 다해 결국 흔적으로 남게 된다. 세상 속의 성공은 만남을 인연으로 만드는 짭짤한 믿음이 남을 때 가능하다.

세상은 기다린 자의 몫이다. 성급하거나 서두르게 되면 그르치는 경우가 많다. 기다림이란 결국 깨달음을 가져다준다. 깨달음은 지혜를 가지게 한다.

문학인에게 깨달음이란 무엇일까?

염전(鹽田)에서 얻어낸 소금의 미학과 다를 바 없을 것이다. 이는 액체에서 고체로 상(像)의 대전환, 태양과 바람으로 빚어낸 상전벽해(桑田碧海)의 대명사인 소금과 같은 변화를 일컫는 말이다.

김민정의 수필은 바로 상상력의 염전을 갖고 있다. 그 염전에서 빚어내는 양질의 소금처럼 빛나는 산문들을 생산해내고 있는 것이다. 김민정 수필은 천연 미네랄 소금처럼 고농축 언어의 알갱이다. 이는 무르익을 대로 무르익은 힐링(Healing) 문학이란 강점을 가지고 있으면서, 더 나아가 카타르시스(Catharsis)의 향연과도 견줄 수 있는 선명한 이미지의 바다 그 자체다.

내가 선 자리란 어디일까? 소금과 같은 삶을 지향하는 존재가 바로 작가이다. 소금이 내 몸 속에 남아 있으면, 혈관과 체액을 타고 흐르는 염분에 불과하지만, 만약 몸 밖으로 분출되면 땀방울에 섞여 하얀 소금 꽃으로 피어나는 흔적을 경험하게 된다. 이 같은 흔적을 통해 작가는 요행이 아닌 땀방울을 흘리며 노력으로 얻어낸 결실만을 진정한 노동의 결과로 인정한다. 작가는 스스로 「내가 서 있는 자리」에 대해 진단하면서 때론 깊은 명상에 빠진다.

어느 마을에 두 형제가 있었다. 어느 날 형제는 같이 양치기 하는 곳에서 양(Sheep)들을 훔쳤다. 그러나 발각이 되어 두 형제는 이마에 'st' 라는 표시를 붙이고 다니게 되었다. 'st' 는 양도둑이라는 의미다./ 큰형은 'st' 라고 붙이고는 그 동네에서는 창피하니 다른 동네로 이사하게 되었다. 계속 이사를 다녔지만 소문에 소문은 더했다./ 한편 동생은 그 마을에서 형과 똑같이 이마에 'st' 를 붙이고는 다시는 훔치는 일을 하지 않고 열심히 살아가고 있었다. 처음에는 사람들의 입에 오르내렸지만 세월이 흘러 사람들이 새로 이사도 오면서 옛날 일은 잊혀졌다. 열심히 일을 하고 성실하게 살아가니 비로소 사람들이 알기를 이마에 'st' 는 세인트(Saint) 그러니까 성자(聖者)의 약자라고 믿게 되었다고 한다./ …(중략)… 좋은 인격은 선을 아는 것, 선을 바라는 마음, 선을 향하는 것이다. 즉 사고의 습관, 심정, 행동의 습관으로 구성된다. 남이 나의 삶을 대신 살아 줄 수도 없다. 내가 서 있는 자리에서 열심히 최선을 다하면서 살아가는 삶이 아름답지 않을 수가 있겠는가!

—「내가 서 있는 자리」 일부

김민정 수필가는 순수한 노력이 아닌 요행과 욕망의 상징인 '기게스의 반지'를 거부하는 삶을 지향한다. 신비한 기게스의 반지는 한쪽으로 돌리면 자신의 모습이 사라지고 다시 원래대로 돌리면 제 모습이 드러난다. 플라톤의 『국가』에 나오는 '기게스의 반지' 신화다. 리디아 왕국의 기게스라는 한 목동이 어느 날 한쪽으로 돌리면 자신의 모습이 사라지고, 다시 원래대로 돌리면 제 모습이 드러나는 신기한 마법의 반지를 우연히 얻게 된다. 이 신기한 반지로 인해, 기게스는 나쁜 마음이 생겨, 마침내 반지를 이용해 왕궁으로 나아가 왕비와 사통하며 결국 왕을 죽이고 왕비를 취해 왕이 된다는 스토리다. 자기 행동에 책임지지 않아도 될 경우엔 누구라도 나쁜 마음을 먹을 수 있다는 것이 기게스 반지가 시사하는 교훈이다. 보이지 않는 권력을 휘두르며 새로운 영역을 차지하는 극단적 요행과 욕망의 상징이 기게스의 반지다. '그런 요행과 욕망의 반지를 끼지 않아도 최선을 다하는 소박한 삶 속에서도 충분히 행복할 수 있다.'는 것을 작가는 제안하고 있는 것이다. 김민정 수필은 온통 진정성으로 치장한 감동의 산물로 가득 차 있다. 자신이 서야 할 자리를 구체적으로 제시하고 있다. 또한 삶에서 체득하며 얻어낸 철학적 자각(自覺)은 금선탈각(金蟬脫殼)의 경지까지 도달하고 있었다. 매미의 생애를 볼 때 최고의 하이라이트는 애벌레가 성충이 되어, 황금빛 날개를 가진 매미로 화려한 변신을 하는 것이다. 이를 일명 금선탈각이라 한다. 매미가 벗어 놓고 간 금빛 허물은 그대로 나무에 붙어 있다. 가까이서 보지 않는 한 새로 태어난 매미가 날아갔는지 거기에 그대로 있는지 알 수 없다. 이런 원리를 중국의 『손자병법』과 『삼십육계』의 병서에선 '위장의 병법'으로 활용하기도 한다. 이역만리 타국에서 겪어야 감내하며 겪어야 했던 고통과 고난은 다만 화려한 금빛 날개를 가진 매미로의 변신을 위한 애벌레 기간에 불과하다고 외치며 성공을 꿈꾸며 살아온 김민정 작가의 고독했던 삶과 무관하지 않을 것이다.

"매미가 성충으로 사는 기간은 7일 또는 길어야 30일 남짓이다. 그런데 매미가 되려면 적게는 6년, 많게는 17년간 애벌레 과정을 견뎌내야 비로소 성충이 될 수 있다. 그러나 김민정 수필가의 경우엔 미국에서의 30년 생활은 진정한 작가가 되기 위한 애

벌레 과정과 비유될 수 있다. 이제 작가로서 화려한 황금빛 날개를 달고 유유히 비상하는 시기가 도래한 것이다."

일반적으로 칠흑 같이 고요한 어둠의 땅 속이나 나뭇등걸 속에서 애벌레로 6년을 살다, 시기가 도래하지 못한 애벌레는 17년을 살다가 성충이 되어 탈각을 하면서 애벌레와 전혀 다른 모습으로 하늘을 유유히 날 수 있는 매미와 같은 대 변화를 누구나 갈망한다. 매미는 나무 위에서 우아한 금빛 날개와 위엄 있고 아름다운 목소리까지 가지고 다시 태어나는 대변신을 감행한다. 우리가 알고 있는 지식, 우리가 익힌 기술은 지금이 아닌 황금날개를 단 미래를 상상할 때는 한낱 굼벵이 기간에 불과하다. 끝없이 변화를 모색하며 다시 태어나며 탈각해야 함을 작가는 끊임없이 시그널(Signal)을 보내고 있는 것이다. 금선탈각의 자각으로부터 생성된 사고의 습관, 심정, 행동의 습관 등은 일상으로부터 일정하게 미적 거리를 유지한 채 일기일회(一期一會)의 미학마저 구가하고 있었다. '지금 이순간이 단 한 번의 기회'란 의미이다. 수많은 만남의 기회를 소중한 인연으로 펌프질할 수 있는 것은 수필 「마중물 같은 사람」을 통해 확인할 수 있었다.

펌프로 물을 퍼 올리려면 한 바가지의 마중물이 필요하다. 마중물은 땅 속에 있던 물을 펌프로 끌어올리는 데 큰 도움이 되어 몇 번 펌프질을 하면 물이 콸콸 쏟아진다. 작은 물 한 바가지가 얼마나 큰 힘이 되어 마구 샘솟는 물이 되는지 모른다. 목말라 있을 때 물 한 잔이 말로 표현할 수 없을 정도로 귀중하게 목을 축이는 것처럼 힘들고 지쳐 있을 때 도움의 손길이 얼마나 큰 힘이 되는가!/ 이기심은 교만에서 나온다. 교만은 스스로가 잘 났다고 뻐기기 때문에 생긴다. 분열을 일삼는 사람은 어딜 가나 분열을 조장한다. 무엇이든 자기가 원하는 방향으로 되어야지 그렇지 않으면 분열을 조장하고 사람들을 이간질하며 갈라놓는다./ 어디서나 한두 사람으로 인하여 문제가 발생한다. 미꾸라지 한 마리가 온 물을 흐려놓는다는 말이 있다. 이때 주위에 있는 사람도 흙탕물에 튀기게 된다. 그리 길지 않은 인생 이왕이면 뜻있게, 덕망 있는 사람으로 살아간다면 얼마나 좋을까.

— 「마중물 같은 사람」 일부

이 수필은 문명의 이기현상에 새로운 경종을 울리고 있는 것이다. 먼저 붓는 한 바가지, 신뢰의 마중물이 큰 변화를 만들고 있음을 시사하고 있다. 특히 메마른 수동 펌프로 물을 끌어올리기 위해 먼저 붓는 한 바가지 정도의 물을 의미하는 마중물을 모티프(Motif)로 삼으면서, 마중물 붓듯 내가 먼저 타인을 신뢰할 때 비로소 소통의 필드가 구축될 수 있음을 제안하고 있는 것이다. 한 바가지의 마중물, 그 물은 수많은 생명을 구할 수 있는 귀한 생명수이며, 따뜻한 손길을 갈망하며 기다리는 간절한 영혼의 안식처이다. 이역만리 타국에서 사랑하는 사람이 그리워 되돌아온 소중한 님을 마중하러 나갈 때, 내 님이 목을 축일 수 있도록 준비한 물도 마중물이 될 수 있듯이, 마중물은 배려의 산물이다. 작가는 상대방과의 소통을 유발하는 가장 큰 선물은 내가 먼저 신뢰의 마중물을 선사할 때라고 강변한다. 신뢰의 마중물을 항시 준비하고 있는 가운데, 작가는 한 번 웃을 때마다 한 번씩 젊어지는 '웃음 약'에도 관심을 보인다.

> 사람의 첫인상은 3초 안에 각인된다고 한다./ 카밀 래빙턴이 『첫인상 3초 혁명』에서 주장한 말이다. 심리학자나 정신의학자들은 항상 웃는 것이 건강에 좋다고 말한다. 일상생활 속에서 항상 웃는 것이 중요하다는 말이다. 그런데 이 웃음의 철학은 마음속에 항상 긍정적인 성품을 갖고 상대할 때 진정 웃음의 효율이 나타날 것이다./ 사람을 대할 때 첫인상이 웃는 얼굴이라면 얼마나 좋을까. 칭찬의 말, 긍정적인 말로 화답할 때 상대의 표정은 더욱 밝게 웃음을 띨 것이다. 또 상대방의 말을 관심 있게 많이 들어주는 태도 역시 웃는 표정 못지않게 중요하다. …(중략)… 웃음은 서로의 근심 걱정은 반으로 줄이고 기쁨의 엔도르핀이 많이 나와 모두에게 기쁨과 즐거운 시간을 나누게 한다. 웃음이 넘치는 곳에 건강이 넘치고 웃음이 사라진 곳에 건강도 사라질 수밖에 없다. 이제 우리 모두는 '웃음 약'을 제조하는 잘 웃는 사람이 되었으면 한다.
>
> —「'웃음 약'을 써 보셔요」 일부

일찍이 제임스 월스는 "웃는 사람은 실제적으로 웃지 않는 사람보다 더 오래 산다. 건강은 실제로 웃음의 양에 달려 있다는 것을 아는 사람은 거의 없다."고 강조했으며, 엘라 휠러 윌콕스는 "웃는 사람에게는 복이 많이 온다. 한 번 웃으면 한 번 젊어지고, 한 번 노하면 한 번 늙는다. 인생이 노래처럼 잘 흘러갈 때에는 명랑한 사람이 되기 매우 쉽다. 그러나 진짜 가치 있는 사람은 웃는 사람이다. 모든 것이 잘 안 흘러 갈 때도 웃는 사람 말이다."라고 말했다. 심지어 오쇼 라즈니쉬는 "웃음은 어떤 핵무기보다도 강하다."라고 지적했다. 웃음 약의 필요성은 두말할 나위가 없다. 옛말에 "웃는 얼굴에 침 못 뱉는다."라는 말도 있지 않는가. 작가는 웃음뿐 아니라, 「음악에서 느끼는 '힐링' 의 힘」에 대해 심취해 있다.

> 지난 주말 케네디 센터에서 열린 '수지 김 추모 음악회' 에 다녀왔다. 매년 8월 한여름 밤에 열리는 '수지 김 추모 음악회' 는 올해로 11년째라 한다. 암으로 투병하다가 30의 꽃다운 나이에 세상을 떠난 딸을 기리며 비비안 김 회장이 시작한 음악회가 어언 11년이라니…. 10년이면 강산도 변한다는 시간인데 음악회를 이끌어 온 어머니의 모성이 대단하다. 음악회를 통해 조성된 기금은 암 퇴치 연구기금과 장학금으로 기부하니 그 숭고함 또한 대단하다. …(중략)… 음악은 세계 공용어다. 말은 달라도 음악을 듣는 시간은 시공을 초월해 모두 한마음이 되기 때문이다. 몸과 마음이 힘들 때, 음악이 활력소가 되며 힘들고 어려울 때에도, 즐겁고 행복할 때도 우리의 마음을 가라앉혀 주는 것이 바로 음악이다. 요즘 유행하고 있는 아트 테라피 중 하나인 음악치료도 클래식 등 마음에 안정을 주는 음악을 통해 마음의 병을 치료하고 궁극적으로 신체적인 병도 치료할 수 있다는 데에 바탕을 두고 있다.
>
> —「음악에서 느끼는 '힐링' 의 힘」 일부

이 수필에 등장했던 음악에서 느끼는 힐링이란 말은 치유의 의미다. 음악치료(音樂治療, Music Therapy)를 말한다. 음악치료의 목적을 미국음악치료협회에서는 복지, 삶의 질 증진(Promote Wellness), 스트레스 관리(Manage Stress), 고통 완화(Alleviate Pain), 감정 표현(Express Feelings), 기억력 향상(Enhance Memory), 의사소통기술 향상(Improve Communication), 신체 재활 증진(Promote Physical Rehabilitation) 등으로 규정했다. 그만큼 음악이 인간에게 주는 장점은 상상 외의 기대효과를 발휘한다. 음악치료는 예술치료의 한 분야로, 음악을 매개로 심리 치료에 활용하는 분야이다. 음악 치료사들은 치매, 중풍 중증장애인이나 암 환자, 어린아이들의 심신을 치료해주고 있다. 음악 힐링은 사랑이 결핍된 이들을 위한 감성치유 프로젝프로 명명할 수 있으며, 더 나아가 사회를 치유하는 끌림의 소금광맥으로 볼 수 있다.

2. 일상성을 뛰어넘는 여성 특유의 섬세한 문체(文體)의 선명한 주제의식

"인생에서 여유란 없다. 그러나 그 여유는 내가 만들 때 생긴다."

인생에서 지금 내 자신의 베이스캠프는 어디일까? 토마스 만은 "삶이란 여행이다."라고 말했다. 그 여행이란 배의 선장은 내 자신이다. 정작 5%만이 정해진 항로를 항해하지만, 나머지 95%는 표류하고 때론 난파당한다. 5%는 항로에 대해 사전 준비를 한 사람이고, 정해진 항로를 이탈하지 않기 위해 꿈과 열정을 펼치는 존재들이다. 95%는 항로에 대한 사전 준비에 초점을 맞춘 것이 아니라, 그때그때 상황에 따라 임기응변식으로 살아온 존재들이다. 선장은 리더이고, 승객들의 목숨을 지키기 위해 자신의 목숨을 언제든지 버릴 수 있는 사람이어야 한다. 작가는 김민정호의 선장으로서 일상성을 뛰어넘는 여성 특유의 섬세한 문체로 삶을 향기롭고 풍요롭게 설계하고 있다. 또한 행복의 정박을 통해 삶의 여유와 철학적 성찰도 구가하고 있다. 작가는 나무가 즐비한 숲도 관심의 대상이다. 그 숲을 구성하는 나무들의 중요성 역시 잘 알고 있다. 나무들이 거친 바람에도 흔들리지 않으려면 뿌리가 튼실해야 한다. 토양에 뿌리내리는 것을 작가는 백년대계(百年大計)로 불리우는 자녀 교육과 비유하며 비중 있게 바라보며 진술하고 있다. 작가는 이국에서 맞이한 자녀들의 「질풍의 사춘기」를 회고하고 있다.

이민 온 사람들의 공통점은 좀 더 나은 생활과 기회인 나라에서 꿈을 실현하고, 자녀들의 교육 때문에 미국이란 나라로 왔다는 점이다./ 누구나 큰 포부로 희망을 가지고 이곳에 정착해 살아가는 과정은 말처럼 쉽지가 않다. 뜻대로 되지 않는 일, 언어의 문제로 벙어리 냉가슴 앓듯 살아가는 사람들, 자녀와의 대화의 끈도 서서히 식어가는, 그러나 날마다 일터에서 힘들게 일하고 돌아오면 몸은 녹초가 되어 자녀들을 신경 쓸 여유조차 찾아보기 힘들다. 자녀들은 나름대로 문화의 이질감과 스트레스로 또 얼마나 힘들겠는가!/ 생각만큼 자녀들을 키우는 것이 쉽지가 않다. 어떤 사람은 오로지 자식 교육 때문에 왔건만, 이곳의 현실은 힘들기만 한 것이 사실이다. 어떤 사람들은 자식이 훌륭히 잘 성장하여 이민 온 보람이 있는 반면에 한쪽에선 안타까운 일이 생긴 사람들도 수도 없이 많다./ 콩나물은 흙을 밟아 보지도 못하고 시루 속에서 물만 주면 밑으로 흘러버리지만, 며칠이 되면 자라서 우리의 식탁에 오르게 된다. 콩나물처럼 자라는 것이 눈에 보이지 않지만 어느 날 훌쩍 자라버린 자녀들과의 문제로 상심에 빠지는 일이 허다하다./ 사춘기는 질풍의 노도와도 같다고 한다. 이때는 인간의 과정에서 어린아이에서 어른으로 변해가는 중간 과정이다. 그들은 어른으로 변해가는 과정에서 격렬한 변화를 경험하게 된다.

—「질풍의 사춘기」 일부

사춘기는 급격한 변화를 동반한다. 그 급격한 변화는 점진적인 변화에 비해, 많은 위험성을 내포해 있다. 갑작스러운 성장은 성인이 되기 위한 과정이지만, 그 과정이 튼튼하지 못하면 가출, 자살, 일탈 등과 같은 부작용이 초래된다. 미국의 사회적 분위기가 의존의 상태에서 독립적인 상태를 요구하고 있기 때문이다. 생각하는 것만큼 능력도 어느 정도 뒷받침되어 주지 않으면 현실은 굉장한 온도차가 존재한다. 그렇지만 질풍노도의 사춘기는 어른으로 성장해가는 반드시 거쳐야 하는 과정이므로, 김민정 수필가는 그 시기를 잘 견뎌내야 제대로 된 성인이 될 수 있음을 역설하고 있는 것이다. 항상 웃는 사람일수록 사실은 그 내면은 고독하다. 그 고독한 마음을 풀어내는 방법 중의 하나가 「가을, 갈대의 노래」에 푹 빠져 음미하는 것이다.

어릴 때 TV에서 나오는 〈갈대의 노래〉라는 드라마 속에서도 가을에는 사람들의 마음이 흔들린다고 했다. 특히 여자의 마음은 가을이 되면 이리저리 흔들린다고…. 흔들리는 마음에 어디론가 훌쩍 떠나고 싶은 마음이 된다./ 가을을 연상하게 하는 갈대, 코끝이 간지럽게 살살 흔들리며 피어 있는 갈대는 솜털과 함께 부드러움을 자아나게 한다. 그러나 흔들리는 갈대지만 아무리 흔들려도 여전히 그 자리에 피고 지기를 반복하며 사람들의 마음에 가을을 전해준다. …(중략)… 나무는 항상 그 자리에 그렇게 있어도 불평하지 않는다. 사시사철 사람들의 마음에 시원한 그늘이 되어주고, 비바람이 불어도 한결같이 그 자리에 서 있는 나무에서 삶의 지혜를 배운다. 변함없는 나무와 항상 그 자리에 있는 갈대처럼 그 어떤 바람에도 요동치지 않는 마음으로 가을을 맞고 싶다.

—「가을, 갈대의 노래」 일부

작가는 물 흐르고 꽃이 피는 아름다운 곳을 지금 이 순간 서 있는 자리라고 항변한다. 자신을 스스로 갈대로 자청한다. 속으로 우는 법을 익힌다. 소유하지 않을수록 세상과 복잡한 이해관계로 대립하지 않는 것임을 깨닫는다. 그러므로 갈대는 비워낼수록 충만한 삶임을 인식한다. 아낌없이 베풀고 나눌수록 내 몸은 가벼워지고, 정신은 더욱더 맑고 향기로워진다는 것이다. 뭐든지 너무 강하면 부러지기 마련이다. 가령 웅장한 떡갈나무도 큰 바람엔 추풍낙엽처럼 쓰러져 버리지만, 갈대는 살아남는 것이 강한 자임을 입증시켜 준다. 부드러움은 강함을 이긴다. 갈대는 약자처럼 보이지만 강자의 최후를 목격하는 삶의 자격 또한 부여된다. 가끔은 갈대처럼 몸을 가을 소슬한 바람에 맡기는 여유도 필요할 수 있다. 인간의 냄새를 풍길 수 있는 유일한 사색 여행이 될 수 있기 때문이다. 작가는 가슴 한 복판을 관통하는 '어머니' 에 대하여 한시도 잊은 적이 없다.

매년 5월이 되면 어머니에 대한 그리움이 더욱 사무친다. 어머니가 살아계신 분들은 마더스 데이(Mother' s Day)에 어머니를 모시고 식사도 같이하며 카네이션도 꽂아 드리고 선물도 드리는 기쁜 날이다. 그러나 어머니가 이 세상에 안 계시는 나 같은 사람은 오히려 쓸쓸하기도 한 날이다./ 이 세상의 모든 어머니들은 손발이 부르트도록 자식을 위해서 고생하고 무조건적인 사랑을 준다. 비가 오나 눈이 오나 자식 걱정에 주름진 모습의 어머니들, 이 땅 위에 모든 어머니들은 위대하다. '여자는 약하지만 어머니는 강하다.' 라는 말처럼 자식을 위해서는 초개 같이 목숨을 버리는 일도 불사한다. 자식 잘 되기만을 학수고대하며 긴 노동과 모진 고생도 마다하지 않고 자식을 위하여 밤낮으로 뛰고 있는 부모들, 과연 그 마음을 알아주는 자식들은 얼마나 될까. …(중략)… 만감이 교차하는 계절의 여왕 5월, 돌아가신 어머니에 대한 그리움과 죄송함, 과연 나는 좋은 딸이었나 돌아보게 된다. 이와 함께 내 아들에게 과연 나는 좋은 어머니인가 반성하게 된다. 지난 시간을 돌이킬 수만 있다면 어머니에게 조금 더 잘할 수 있었을 텐데라는 후회감이 밀려온다. 다시 한 번 불러 보고 싶은 이름 '어머니', 어머니 생전에 미처 못 했던 말을 합니다./ 어머니 사랑합니다./ 그리고 고맙습니다.

—「그리운 이름 '어머니'」 일부

인간이 가지고 있는 마음 중 가장 아름답고 숭고한 것을 말하라면 사람들 대부분은 '어머니의 사랑'을 말할 것이다. 그만큼 '어머니의 사랑'은 누구라도 거부할 수 없는 절대적인 가치이며 산처럼, 바다처럼 자식의 가슴 속에 남아 있다. 그렇기에 '어머니의 사랑'은 남에게도 사랑을 실천할 수 있게 만드는 힘으로 작용한다. 어머니의 사랑은 대가를 바라는 사랑이 아니다. 이해관계도 아니다. 헌신과 희생 그 자체로 표현할 길이 없다. 누구나 세상에 태어나기 전의 집은 어머니의 배 속이다. 아울러 어머니로부터 공급되는 영양분으로 살아가는 10달 동안 배 속에서 어머니를 괴롭히며 태어난다. 성인이 될 때까지 어머니는 자식을 위해 무엇이든지 다 해줄 수 있는 무한 헌신의 표상이다. 작가는 그리운 어머니를 회상하며 진솔하게 써내려가는 가운데, 모성애에 대한 천착과 가족애의 소중함을 느끼게 하는 영혼의 에피퍼니(Epiphany)를 꽃 피우고 있다.

인생은 만남의 연속이다. '순간의 만남을 영원의 인연으로 장식하라.'라는 말이 있듯이 만남은「좋은 인연, 나쁜 인연」을 만드는 계기이기도 하다.

우리 인생은 만남을 통해서 이루어진다. 수많은 사람들과의 관계에서 때로는 웃기도 하고 울기도 한다. 원래 상처는 가까운 사람이 준다. 상처를 주는 사람의 마음이 뾰족하기에 쓴 물이 나오므로 타인에게 그렇게 하는 것이다. 좋은 인연은 오랫동안 유지되지만 악연은 상처로 남게 된다./ 혈연관계는 좋든 싫든 상관이 없지만 타인과의 만남은 주로 목적에 의해서 이루어진다. 평소에 안부 전화 한 번 하지 않다가 어려운 일이 있을 때만 친한 척 연락하는 사람, 잘 지낼 때는 아무 소식이 없다가 울적할 때만 전화를 걸어 푸념을 늘어놓는 사람, 도움이 필요할 때만 찾아오는 사람, 추천서나 소개가 필요할 때만 선물이나 이메일을 보내는 사람을 좋아할 이는 없을 것이다. 자기 이익에 따라서 움직이며 약자에게

> 는 막 대하며, 강자에게는 한없이 비굴해지기도 한다.
>
> —「좋은 인연, 나쁜 인연」 일부

만남은 인연이라는 소중한 끈을 만드는 출발점이다. 그 인연이란 말은 불교에서 인(因)과 연(緣)을 함께 부르는 말로도 사용된다. 인은 결과를 산출하는 내적 · 직접적 원인이며, 연은 결과의 산출을 도와주는 외적 · 간접적 원인이라고 규정한다. 여러 가지 원인 가운데 주된 것이 인이며, 보조적인 것이 연이라는 것이다. 또 인을 넓게 해석하여 인과 연을 합해 인이라고도 하고, 반대로 연을 그렇게 부르기도 한다. 모든 존재는 인연에 의해 생겼다가 인연에 의해 멸한다. 만남을 두려워하면 절대 좋은 인연을 맺을 수 없다. 좋은 인연이란 끊임없이 상대방을 향하여 변신 · 변화하는 삶 속에서 이루어지는 진행형이다. 좋은 인연은 한 사람만의 노력으로 불가능하다. 쌍방이 서로 변화하려고 노력하고 있다는 것을 전제로 해야 한다. 더욱이 좋은 인연은 '정직'이라는 토양 속에서 더욱 굳건해진다.

> 부정직(不正直)은 아무리 작은 부정이라 할지라도 하면 안 된다. 부정직은 끝없는 자기의 탐욕에서 비롯된다. "욕심이 잉태한 즉 죄를 낳고 죄가 장성한즉 사망을 낳느니라."는 성경(聖經)의 구절처럼 인간은 끊임없이 탐욕에 이끌리게 된다. 정직하지 않은 행동은 당장은 드러나지 않지만 언젠가는 밝혀지게 된다. …(중략)… 정직만큼 큰 재산도 없는 것 같다. 우리의 삶에서 정직은 굉장히 중요하다. 정직은 토양과도 같다. 건강한 토양, 즉 정직한 마음을 가질 때 서로가 믿고 신뢰하므로 건전한 사회가 되며, 아름다운 세상이 되지 않을까 기대해본다.
>
> —「정직은 토양과도 같다」 일부

정직(正直)이란 국어사전에서 ①바르고 곧다 ②사람이나 사람의 성품, 마음 따위가 바르고 곧음을 의미한다. 우리 사회에서 가장 존경받을 수 있는 비결이 무얼까? 아마도 정직에 있다고 해도 과언이 아닐 것이다. 사람들은 열정적이나 탁월한 능력보다 정직에 점수를 더 많이 주기 때문이다. 정직하면 바로 존경하지만 정직하지 못하면 아무리 뛰어난 능력을 가졌더라도 그를 신뢰하지 않는다. 정직의 토양을 만들어 신뢰가 서로 소통하는 사회를 건설해 보려는 것이 작가의 숨은 의도다. 작가는 고독과 고통의 사막 속에서도 한 모금의 달콤한 물과 같은 「식혜」 한 잔을 벌컥벌컥 마신다.

고슬고슬 쌀밥과 엿기름이 어우러졌다
몇 시간 서로 통 안에 들어앉아
사이좋게 도란도란 얘기한다
얼마나 흘렀을까
흰 눈이 위로 고개를 내밀어
다시 뜨겁게 불을 더한다
드디어 식혜라는 이름으로 거듭났다
가슴 시원하게 열어 주는 한가위 식혜

—「식혜」 전문

식혜(食醯)는 찹쌀이나 멥쌀밥에 엿기름가루를 우려낸 물을 부어서 삭힌 한국의 전통 음료이다. 음식이 체내에서 부패하는 것을 막아 주는 물질과 프로테이즈인히버터, 항산화제 같은 항암 성분을 가지고 있어서 한식의 약용(藥用)을 가능케 해주는 중요한 식음류다. 작가는 『내가 서 있는 자리』에서 유일하게 5편의 운문을 게재하였는데, 그중 하나가 이 「식혜」라는 작품이다. 한가위라는 전통적인 모습 속에서 오순도순 살아가는 가족애를 편안하게 그려내고 있다.

김민정 작가는 거대한 바다의 상어와 같은 삶으로 거듭 태어났다. 바다에 존재하는 수많은 물고기 중에 유독 상어만 부레가 없다. 부레가 없으면 물고기는 해저로 가라앉기 때문에 잠시도 유영을 중단하면 죽게 된다. 상어는 태어나는 순간부터 쉴 새 없이 움직이고 유영을 멈추지 않으며 살아남는 법을 익힌다. 몇 년 후엔 바다를 지배하는 강자 중의 하나가 된다.

"하늘은 고난을 내릴 때, 지혜도 함께 준다."

김민정 작가는 주어진 환경을 극복하고 열정 엔진을 가동시키며 소금처럼 귀한 금언(金言)을 세상에 남긴 것이다. 그속에는 따뜻한 휴머니티(Humanity)와 인간의 심장을 뛰게 만드는 메시지가 즐비하다. 바로 고난도 즐긴 긍정적 삶을 살아가는 모습이 부각되기 때문이다. 인간이 호흡을 중단할 수 없듯, 김민정호의 아름다운 문학적 향기로 가득 찬 서정의 항해는 지금도 진행 중이다.

김민정 수필은, 작가로서 치열한 삶을 투영시키고 있는 문학의 진정성을 추구하고 있다. 독자들에게 수필의 다양한 맛을 느끼게 만들 수 있는 특급 미적 감성이 담겨져 있다. 작가는 자연스런 삶에서 빚어내는 경험의 소산들을 모아, 결국 거대한 염전 수준의 소금 철학을 탄생시킨 것이다.

일반적으로 변화가 이입되는 것을 거부하는 사람의 경우엔 편견의 문화와 고착된 사고의 틀 속에 머무르려는 성질이 있다. 비록 사회적 현상에 불과하더라도 작가는 이를 과감하게 지적하며, 휴머니티의 회복과 인류애 구현을 통해 극복하려는 강한 의지를 피력하고 있다.

세상을 구하는 데 쓰이는 귀한 소금처럼, 김민정 작가의 메시지는 톡톡 튀는 문체를 통해 옴니버스(Omnibus) 산문(散文)의 진수를 선보이고 있다. 후천적 노력에 의해 만들어진 천재 작가 김민정 수필가! 그녀를 주목해 본다.

문학세계대표작가선 722

내가 서 있는 자리

김민정 에세이

인쇄 1판 1쇄 2014년 7월 10일
발행 1판 1쇄 2014년 7월 17일

지 은 이 : 김민정
펴 낸 이 : 金天雨
펴 낸 곳 : 도서출판 天雨
등 록 : 1992. 2. 15. 제1-1307호
주 소 : 서울시 성동구 무학봉28길 6 금용빌딩 2F(하왕십리동 966-23)
전 화 : 02)2298-7661
팩 스 : 02)2298-7665
http://www.moonhaknet.com
E-mail : chunwo@hanmail.net

값 15,000원

ISBN 978-89-7954-574-6